马克思主义经典著作解读丛书

Makesi Zhuyi Jingdian Zhuzuo Jiedu

主编／王为全

新民主主义的完整阐述

《新民主主义论》

解　读

马光焱 ◎编著

中国出版集团

现代出版社

图书在版编目（CIP）数据

新民主主义的完整阐述：《新民主主义论》解读 / 马光焱编著. —北京：现代出版社，2016.1 （2025.1重印）

ISBN 978 - 7 - 5143 - 2201 - 9

Ⅰ．①新… Ⅱ．①马… Ⅲ．①《新民主主义论》- 毛泽东著作 - 研究 Ⅳ．①A841.24

中国版本图书馆 CIP 数据核字（2014）第 071966 号

作　　者	马光焱
责任编辑	王敬一
出版发行	现代出版社
通讯地址	北京市安定门外安华里 504 号
邮政编码	100011
电　　话	010 - 64267325 64245264（传真）
网　　址	www.1980xd.com
电子邮箱	xiandai@ cnpitc. com. cn
印　　刷	三河市嵩川印刷有限公司
开　　本	700mm×1000mm　1/16
印　　张	12
版　　次	2016 年 1 月第 1 版　2025 年 1 月第 3 次印刷
书　　号	ISBN 978 - 7 - 5143 - 2201 - 9
定　　价	48.00 元

引　言

　　回眸历史，无数的青年在挽救民族危亡、争取国家独立和人民解放的追梦历程中贡献着青春、智慧和力量，成为了中华民族百年追寻强国之梦道路上的中坚力量。今天，实现中华民族伟大复兴已然成为中华民族近代以来最伟大的梦想，它凝聚着中华民族砥砺迸发的精神力量，也激发着无数青年振兴中华的青春热情。"故今日之责任，不在他人，而全在少年"字字珠玑且振聋发聩，党把实现"中国梦"的接力棒交给了青少年，也把实现"中国梦"的历史使命担在了青少年的肩上，作为建设中国特色社会主义事业承前启后、继往开来的一代，当代的青少年需要仰望星空，更需要脚踏实地，需要读史明智，更需要知古鉴今。本书立足于马克思主义中国化史上重要的基础理论文献《新民主主义论》，带领青少年朋友们回顾中国共产党人对新民主主义理论的认识过程，了解中国民主革命发展的基本规律，总结马列主义普遍真理同中国革命具体实践相结合的伟大成果，体会中国共产党人在建设新中国道路上理论和道路探索的艰难，这对于建设中国特色社会主义，实现"中国梦"具有重要的现实意义。

目 录

第一编 艰难的跋涉与探索

第三编　思源的深情与智慧

第一编　艰难的跋涉与探索

第一章　《新民主主义论》的宏观写作背景

《新民主主义论》是毛泽东于 1940 年 1 月 9 日在陕甘宁边区文化协会第一次代表大会上的讲演，原题为《新民主主义的政治与新民主主义的文化》，载于 1940 年 2 月 15 日延安出版的《中国文化》创刊号。《新民主主义论》的写作是毛泽东思想成熟的标志，也是在特定的中国和世界历史背景之下的一种必然。

一、闭关锁国的清政府

翻开中国近代的历史长卷，一幕幕充满灾难、落后挨打的屈辱历史似乎立刻浮现在眼前……18 世纪，由于中外贸易往来日趋频繁和人民反清起义不断发生，清朝统治者担心外人和汉人会结合起来反对清朝。1717 年，清政府下令不许中国商船到欧洲人控制下的南洋地区进行贸易。清政府在对贸易范围实行限制的同时实行禁教，减少中外之间的往来。

17 世纪末，清政府允许天主教在中国传播。随着教会在中国影响的扩大，它开始直接干涉中国的内政。尤其是 1704 年罗马教皇格勒门十一订立"禁约"，禁止中国教徒尊孔祭祖。康熙严辞拒绝了这项要求。1720 年清政府开始实行禁教政策。

1727 年又明确规定外国商船只能到广东的虎门和福建的厦门两处。1757 年正式实行闭关的政策，乾隆皇帝宣布西洋商船只准在广东的虎门一处停泊贸易。1759 年两广总督李侍尧奏准皇帝颁布了《防范外夷条规》①，根据这一文件建立了"公行"机构。公行是由官方特许的商人组成的垄断性外贸组织。外国人来广州做买卖必须经由公行，其行动也由公行的行商负责约束。外国商人只准在规定的时间，即每年的五月至十月间来广州进行贸易，期满必须离去。在广州期间他们只能住在由公行所设的"夷馆"内。外商在华只能雇用翻译和买办，不能雇人向内地传递信件。中国人不准向外商借贷资本。条规还规定要加强河防，监视外国船舶的活动。这些规定在以后的嘉庆和道光年间屡被重申。

清政府实行闭关政策的根本目的是维护清朝的封建统治，防范西方殖民主义者。但这种自卫措施是非常被动的。1757 年，乾隆的

---

① 乾隆二十四年，两广总督李侍尧奏请制订《防范夷商条规》，规定"防夷五事"。即：永行禁止外国商人在广州过冬，必须冬住者只准在澳门居住；外商到粤，"宜令寓居行商管束稽查"；禁止中国商人借领外资资本及外商雇请汉人役使；严禁外商雇人传递消息；于外国商船停泊处拨营员弹压稽查。"防夷五事"将对外贸易严加管理，有了明确的法规，使闭关政策形成为制度。

一道圣旨从京城传到沿海各省，下令除广州一地外（又称广州十三行）停止厦门、宁波等港口的对外贸易，这就是所谓的"一口通商"政策。这一命令，标志着清政府彻底奉行起闭关锁国的政策。当然封建的自给自足的自然经济较稳定，对外来商品有较强的抵制作用，这是闭关锁国政策的经济根源。

闭关锁国这一政策的推行，对西方殖民者的侵略活动，起到一定自卫作用。但是，当时西方国家正在进行资产革命和工业革命，跨入生产力迅速发展的新时代。清政府闭关锁国，与世隔绝，既看不到世界形势的变化，也未能适时地向西方学习先进的科学知识和生产技术，甚至助长了统治阶级妄自尊大的心理，自诩天朝上国，盲目排外，不思进取，保守愚昧，这些使中国全面落后于世界。

二、野心勃勃的日本

早在 1868 年 4 月 6 日明治维新拉开帷幕之时，日本天皇就在《五条御誓文》和《御笔信》中正式提出日本的对外方针是"开拓万里波涛，布国威于四方"。日本对中国的侵略可以追溯到 1874 年的牡丹社事件，日本借八瑶湾事件而向当时台湾动武，事后清政府与日本签订《北京专约》，承认琉球（现日本冲绳县）为日本保护国，并赔偿日本兵费 50 万两白银。1894 年，日本在接连入侵占领朝鲜、琉球后，突然袭击在丰岛海面执行护航任务的中国军舰，重创"济远"号和"广乙"号，击沉"高升"号运输舰，造成 700 多中国官兵死亡，由此爆发中日"甲午战争"，中国清政府北洋水师全军覆没。1894 年 10 月，日军分两路侵犯我国辽宁省。11 月，日军占领大连、旅顺。日军进入旅顺后，见人就杀，在 4 天 3 夜的大屠杀中，全市 2 万多中国人惨遭杀戮，只有埋尸的 36 人幸免于难。迫于日本军国主义的军事压力，1895 年 4 月，日本迫使清政府签订割地赔银、丧权辱国的不平等条约——《马关条约》，其中包括承认日本对朝鲜的控制、割让中国辽东半岛、台湾全岛及所有附属各岛屿、赔偿二亿两白银军费及开通口岸等。此役后中国在国际地位上急转直下，而日本则跻身为列强之一。

1900 年（清光绪 26 年），义和团运动[①]爆发，英、法、德、美、日、俄、意、奥等国，为阻止义和团对北京使馆区的围攻并镇压中国北方义和团运动而派遣联合远征军，消灭了义和团，造成京津一带清军的溃败，迫使慈禧太后挟光绪帝逃往陕西西安，最终清廷与包含派兵八国在内的十一国签订《辛丑条约》[②]，付出庞大的赔款，并丧失多项主权。日本作为八国联军主力之一，占领天津、北京，并利用《辛丑条约》在京、津一带驻屯重兵。

1904 年到 1905 年，日俄战争爆发，日本重创俄国波罗的海舰

---

① 义和团，原称义和拳，其参与者被称为"拳民"，贬称则为"拳匪"。义和团运动，或称庚子事变、庚子国变、庚子拳乱，是 19 世纪末、20 世纪初中国清末发生的一场以"扶清灭洋"为口号，针对在华西方人（也包括传教士及华人基督徒在内）排外运动，"突显中西之间日益紧张的关系，它也标志着以仇外情绪为契机的反对基督教传教活动已达到高水位"，义和团运动最终引发八国联军远征。

② 《辛丑条约》，亦称《辛丑各国和约》《北京议定书》，是中国清朝政府与英国、美国、日本、俄国、法国、德国、意大利、奥匈、比利时、西班牙和荷兰在义和团运动失败、八国联军攻入北京后签定的一个和平协定。条约签定于光绪二十七年（1901 年）七月二十五日，辛丑年，故名辛丑条约。因条约签订日为阳历 9 月 7 日，因此有"九七国耻"一说。《辛丑条约》是中国近代史上赔款数目最庞大、主权丧失最严重的不平等条约。条约规定：中国赔款 9.8 亿两白银，该条约标志着清政府完全成为帝国主义统治中国的工具，中国彻底沦为半殖民地半封建社会。

队，获得战争胜利。通过《朴次茅斯条约》①，日本从俄国手中夺取了南满洲铁道及旅顺大连租界特权。1905 年，日本强迫清政府签订《中日会议东三省事宜》②，清朝被迫增开十六处商埠，并在营口等地划分日租界等。1907 年，日、俄签订《日俄协定》《日俄密约》，承认彼此利益并将中国东北北部和内蒙古划为日本的势力范围。从此，日本将中国东北和内蒙古东部称为"满蒙"，加上日本 1910 年通过《日韩合并条约》吞并了朝鲜半岛，日本在东北亚获得了进一步侵略中国的跳板和前沿基地。

三、日军的全面侵华

1914 年 8 月，爆发第一次世界大战后，日本把山东黄河以南地区划为对德"作战区"，随后占领了济南和胶济铁路全线，攻占了青岛。1915 年 5 月，日本以最后通牒方式，迫使袁世凯接受日本灭亡中国的"二十一条"要求。之后的日本变本加厉，开始了在中国的军国主义侵略步伐。1925 年 5 月，日本人开枪打死上海日商内外棉纱厂工人代表顾正红、打伤其他工人十余名。后又伙同英国制造了震惊中外的"五卅惨案"，当场打死工人和学生 71 人，打伤数十人。1926 年 3 月，日舰炮击大沽炮台，中国驻军死伤十余人，后日本调军舰于大沽对中国进行威胁。3 月 18 日，北京群众举行集会抗议，

---

①　朴茨茅斯条约，是由日本和俄国在美国总统西奥多·罗斯福的调停下，于 1905 年 9 月 5 日在美国新罕布什尔州朴茨茅斯海军基地签署的和约，结束了日俄战争。朴次茅斯和约的签订标志着日本和俄国对中国东北的重新瓜分。

②　1905 年末，日本又强迫清政府签订了《中日会议东三省事宜》正约及附约，获得长春以南全部权利，包括驻兵护路权，在营口、安东、奉天等地划定日本租界。

遭到镇压，47 人被打死，200 人被打伤，酿成"三一八惨案"。1928年 5 月，日军制造"济南惨案"，打死中国军民 1000 多人，并占领济南。

1928 年 6 月，日本在沈阳皇姑屯车站炸死张作霖，阴谋夺取东北。1931 年 9 月 18 日，日本在沈阳制造"九一八"事变，拥兵 50万的东北边防总司令张学良不战而退，日军强占我国东北，在 3 个多月时间里占领我东北全境，实行杀光、烧光、抢光的"三光"政策，所到之处横尸遍野，使三千多万名同胞沦为日军铁蹄下的奴隶。1932 年 1 月，日制造事端，进犯上海。日军与奋起抵抗的驻上海十九路军激战 33 天，中国军民死伤达 1.6 万余人，财产损失达 20 亿元以上。3 月，日本扶植溥仪成立伪"满洲国"。1933 年 1 - 5 月，日军先后占领了热河、察哈尔两省及河北省北部大部分土地，进逼北平、天津，并于 5 月 31 日，迫使国民党政府签署了限令中国军队撤退的《塘沽协定》①。同年，日本成立"关东军防疫供水部"（即731 细菌部队），后来扩大成一支大规模的细菌战部队。该部队用中国人进行鼠疫、霍乱、梅毒等细菌以及毒气、枪弹等的活体试验，并大量制造鼠疫、霍乱等各种细菌，用飞机播撒在中国各地，残害中国人民。1934 年 5 月，日军在天津南开八里台和吉林伊兰县强占民地修建机场，并动用飞机轰炸伊兰县，炸死我民众 2 万余人。

---

① 《塘沽协定》是中国政府和日本侵略军于 1933 年 5 月 31 日签定的"九一八"事变的停战协定。规定中国军队撤至延庆、通州、宝坻、芦台所连之线以西、以南地区，以上地区以北、以东至长城沿线为武装区，实际上承认了日本对东北、热河的占领，同时划绥东、察北、冀东为日军自由出入地区，从而为日军进一步侵占华北敞开了大门。

1935 年 11 月，日本唆使汉奸殷汝耕①在通县成立"冀东防共自治委员会"。冀东 22 个县宣告脱离中国政府管辖，沦为日本殖民地，促使北平学生爆发"一二·九抗日救亡运动"。1937 年 7 月 7 日，日军制造"卢沟桥事变"，（也就是"七七事变"）开始全面侵华，之后日以重兵三路进攻华北。

四、国际局势的变化

抗日战争爆发后，英、美等国对日本采取似乎"中立"，其实基于自身考虑的绥靖主义政策，这些妥协与退让让日本帝国主义的侵略气焰愈显嚣张。日军占领了广州和武汉以后，随即就发表了第二次的近卫声明。日本提出"建设东亚的新秩序"②，而这个"建设东亚新秩序"是要建立在"日、满、华三国合作"的基础上的，是公开性质排斥了英、美等国在华的利益的，更是对美国"门户开放"政策进一步的否定，这无疑触动了英、美、法等国家的利益，使得日本与英、法、美等国的矛盾凸显了出来。

英、美等国家开始维护自己在远东地区以及中国的利益，加强了对华的援助，帮助中国进行抗日，希望借中日战争进一步削弱日

---

① 殷汝耕（1889～1947），汉奸，号亦（侠）农，浙江省平阳金乡镇人，殷汝骊之弟。中国的财税官僚与近代政治家，并曾出任日本扶植的冀东防共自治政府要职。1947 年 12 月 1 日，被枪决。

② 第二次世界大战期间，日本军国主义政府妄图在亚洲、澳洲和西南太平洋地区建立殖民大帝国的侵略计划。早在 1936 年，日本军国主义政府就决定了作为长期国策基本方针的《国策基准》，把确保日本在东亚大陆的统治地位，同时向南方海洋发展，作为"帝国应该确立的根本国策"。这是"大东亚共荣圈"的最初设想。1938 年 11 月 3 日，近卫文麿政府发表关于"建设东亚新秩序"的声明。这一声明的实质是表明日本要独霸中国东北及更广大地区。

本的实力，但是并不放弃绥靖主义的妥协政策，尽量避免与日本的直接冲突，不去激化彼此的矛盾。具体做法是：1938 年 12 月，美国政府首次向中国提供 2500 万美元的贷款，开始支援中国抗战。1939 年 3 月，日本占领中国海南岛，提出了对南太平洋的主权要求，这直接威胁到了英、美在东南亚的利益。美国为了防范日本的南进，对日本开始了一定的遏制政策，对中国的抗战采取了进一步支持的态度。但是，上述的做法并不妨碍他们与日本之间的贸易往来，美国继续卖给日本大量的战略物质。

1939 年 8 月，纳粹德国和苏联秘密签订了互不侵犯条约，一个星期后，德国入侵波兰。1939 年 9 月 1 日，德国利用闪电战，出动 58 个师近 150 万人，2800 辆坦克，2000 多架飞机，分 3 路向波兰发起突然袭击。9 月 3 日，英、法被迫对德宣战，这标志着第二次世界大战爆发。德国猛烈的攻势使英、法等国猝不及防，一时之间"分身乏术"无暇东顾。

日本政府作为轴心国之一，为了呼应德国在欧洲的战争，充分利用德国在欧洲的胜利，进一步排斥英、美等国的在华利益。1939 年 11 月，英、美答应日本的要求，撤走其在中国的驻军，希望与日本达成妥协和让步。英、美等国的妥协与退让，以及他们的"绥靖政策①"，这些都助长了日本法西斯的嚣张气焰，也造成亚洲形势的进一步恶化。

---

① 绥靖，以安抚（绥）的手段使局势安定（靖），又称为姑息主义。英、法、美等绥靖主义者，不惜以牺牲弱小国家利益为代价，来维护自身的利益（也有恐战情绪），求得一时苟安，谋求同侵略者妥协，妄图将"祸水东引"至苏联，坐收渔利。

五、日军侵华政策的调整

当日本占据了中国华北、华中、华南半壁江山以后，其野心和胃口越来越大。一方面，日本占领了中国几乎所有的重要交通线，另一方面日本开始加剧掠夺中国的战略资源。日军在中国的占领区逐渐扩大，战线也越拉越长。到了1938年年底，日本陆军在中国战场上投入的兵力已经达到了24个师团，在中国东北投入了关东军8个师团，只有1个师团留在日本国内。日本的狼子野心昭然若揭，但是却低估了中国人民的抗战意志。全国人民的团结抗日，也使得日军的伤亡惨重，日军在战争中伤亡的人数已经达到了44.7万多人。同时，日军兵力分散及长期战争的消耗导致的财力、物力、兵力不足等弱点都逐渐暴露出来。沉重的战争消耗和军事工业的畸形发展，使得日本本国的财政经济日益陷入困境，人民的厌战和反战情绪蔓延，国内的危机日益凸显。尽管如此，日军并没有停止侵略的任何想法，反而趁着第二次世界大战的全面爆发，利用欧战使英、法、美无暇东顾之机，开始加紧对苏作战，加紧同英、美等国争夺太平洋地区霸权，这些都导致日军能用于中国战场的兵力已近极限，因此日本不得不开始调整对华进攻政策。

1938年11月3日，日本政府发表第二次近卫声明①，改变了

①　1938年，日本首相近卫文麿发表的诱降蒋介石、企图灭亡中国的三次声明。1938年1月16日，近卫发表声明称蒋介石如不接受议和条件，日本将"不以国民政府为对手"，而另建"与日本提携之新政府"。11月3日，近卫发表第二次声明称：如国民政府"坚持抗日容共政策，则帝国决不收兵，一直打到它崩溃为止"。12月22日，近卫又发表第三次声明，提出所谓"中日睦邻友好""共同防共""经济合作"三原则，诱胁蒋接受条件。在全国人民抗战浪潮推动下，蒋不敢公开停止抗战。

1938 年 1 月第一次近卫声明中提出的日本不以中国国民政府为谈判对手，期待真正能与其合作的中国新政权的建立与发展的对华政策。同年 12 月 22 日，日本政府又发表第三次近卫声明，提出所谓善邻友好、共同防共、经济提携的"三原则"，并表示只要蒋介石降日反共，日本就同他"合作"。1939 年 3 月，新任日本首相平沼在国会演讲时提出："蒋介石将军与其所领导的政府，假使能重新考虑其态度，与日本共同合作，谋求东亚新秩序之建立，日本则准备与之作中止敌对行为之谈判。"这些都是日本从根本上改变了其在中日战争初期以军事进攻为主、外交攻势为辅对华政策的表现，由此日军也开始了其政治诱降为主、军事进攻为辅的新的对华方针。日军的意图在于借助战争初期的军事胜利，向国民政府施加压力，并以承认其地位为诱饵，诱使国民党政府对日妥协。

从 1938 年 10 月起，日军对华作战方针开始转向以巩固占领区为主，确保已占领地区，且不再扩大进攻。同时，日军的主要军事打击目标不再是国民党正面战场的军队，而是把打击目标确定为中国共产党领导的敌后抗日游击队伍。在正面战场上，最小限度配备兵力，对国民党实施有限的局部进攻。在敌后战场上，固定配备充分兵力，确保对中国共产党领导的抗日根据地所在城市和交通要道的控制。从 1938 年 11 月到 1939 年 7 月 9 个月的时间里，日军在其中的 8 个月内以 85% 的兵力，对敌后抗日根据地进行频繁的围攻和"扫荡"，其中，只有 1 个月以 15% 的兵力对国民党军进行了局部进攻。

六、第二次国共合作

1931 年"九一八"事变①日本侵占中国东北后，中国共产党为建立以国共合作为基础的抗日民族统一战线进行了长期不懈的努力。1931 年 1 月，中国共产党发表宣言，首次提出红军准备在三个条件下与任何武装部队订立共同对日作战的协定。这三个条件是：立即停止进攻苏区；立即保证民众的民主权利；立即武装民众创立武装的义勇军。

1935 年 8 月 1 日，中国共产党又发表了《为抗日救国告全体同胞书》②（即《八一宣言》），再次明确表示只要国民党军队停止进攻苏区，实行对日作战，红军愿立刻与之携手，共同救国。宣言建议一切愿意参加抗日救国事业的党派、团体、名流学者、政治家和地方军政机关进行谈判，共同筹组国防政府和抗日联军，并呼吁各党派和军队首先停止内战，以便集中一切国力去为抗日救国的神圣事业而奋斗。

---

① "九一八"事变，又称沈阳事变、奉天事变、盛京事变、满洲事变、柳条湖事变等，是指 1931 年 9 月 18 日在中国东北爆发的一次军事冲突和政治事件。冲突双方是中国东北军和日本关东军，日军以中国军队炸毁日本修筑的南满铁路为借口而占领沈阳。"九一八"事变爆发后，日本与中国之间的矛盾进一步激化，而在日本国内，主战的日本军部地位上升，国会和内阁总理大臣权力下降，导致日本走上全面侵华的道路。这次事件爆发后的几年时间内，东北三省全部被日本关东军占领，被中国人及视为国耻日。

② 1935 年 8 月 1 日，红军在长征途中，中华苏维埃中央政府、中共中央发表《为抗日救国告全体同胞书》，即著名的《八一宣言》。其起草地点在莫斯科。《为抗日救国告全体同胞书》内容主旨是要求停止内战，建立反法西斯统一战线，共同对抗日本帝国主义侵略。在它的指引下，中国人民建立了抗日民族统一战线，推动了抗日救国的新高潮。

1935 年 12 月，中共中央在瓦窑堡召开政治局扩大会议。会议从理论和政策上正式确立了中国共产党关于建立抗日民族统一战线策略的总路线，提出"党的任务就是把红军的活动和全国的工人、农民、学生、小资产阶级、民族资产阶级的一切活动汇合起来，成为一个统一的民族革命战线"。瓦窑堡会议后，共产党一方面积极促进"一二•九"学生运动后全国人民中日益高涨的抗日救亡运动的浪潮，另一方面尽可能地向国民党上层领导人和军队将领宣传共产党的抗日主张。

1936 年 5 月 5 日，中国共产党向国民党政府发出《停战议和一致抗日》的通电，将"抗日反蒋"政策转变为"逼蒋抗日"政策。8 月 25 日，中共中央公开发表《中国共产党致中国国民党书》，信中再次呼吁停止内战，建立抗日民族统一战线。

1936 年 12 月 12 日，西安事变爆发，中国共产党迅速确定了和平解决的方针，并应张学良、杨虎城的邀请，派周恩来、叶剑英等人赴西安谈判，迫使蒋介石接受停止内战、联共抗日等 6 项条件。为了促进国共两党合作的实现，1937 年 2 月 10 日中共中央又致电国民党五届三中全会，提出 5 项要求：停止内战，一致对外；保障言论、集会、结社之自由，释放一切政治犯；召开各党各派各界各军的代表会议，集中全国人才，共同救国；迅速完成对日作战之一切准备工作；改善人民生活。同时提出 4 项保证：如果国民党将上述 5 项要求定为国策，共产党愿保证停止武力推翻国民党政府的方针；工农政府改名为中华民国特区政府，红军改名为国民革命军；特区实行彻底的民主制度；停止没收地主土地的政策。

1937 年 2 月中旬至 7 月中旬，中国共产党代表周恩来、秦邦宪[①]（博古）、叶剑英、林伯渠等与国民党代表蒋介石、宋子文[②]、顾祝同等，先后在西安、杭州、庐山进行了多次关于国共两党合作抗日的谈判。但因国民党方面坚持取消共产党组织上的独立性，取消红军，取消革命根据地的主张，双方没有达成协议。

1937 年 7 月 7 日，日本侵略军向北平西南的卢沟桥发动进攻，制造了震惊中外的七七事变。七七事变的第二天，中共中央发布通电号召全中国军民团结起来，抵抗日本的侵略。

1937 年 7 月 15 日，中共中央将《为公布国共合作宣言》送交蒋介石。《宣言》提出发动全民族抗战、实行民主政治和改善人民生活等三项基本要求，重申中共为实现国共合作的 4 项保证。17 日，中共代表周恩来等在庐山与蒋介石继续谈判。同一天，蒋介石发表了准备抗战的谈话。1937 年 8 月 13 日，日军大举进攻上海（八一三事变），扬言 3 个月灭亡中国。由于国民党统治的中心地直接受到威胁，8 月 14 日国民政府发表《自卫抗战声明书》。8 月中旬，中共代表周恩来、朱德、叶剑英同蒋介石等就发表中共宣言和改编红军问题，在南京举行第五次谈判，蒋介石被迫同意将在陕北的中央红军

---

① 秦邦宪（1907－1946），中国共产党早期领导人，又名博古，江苏无锡人。早年就读于苏州工业专门学校，积极参加学生爱国运动。1925 年入上海大学学习，参加五卅运动。同年底加入中国共产党。1931 年 4 月任中国社会主义青年团书记。之后又任中共临时中央局成员、临时中央政治局书记和负责人。1934 年 10 月参加长征。1935 年在遵义会议上被解除中共最高领导职务。后任中共中央政治局常委、红军野战部队政治部主任。1946 年 4 月 8 日由重庆返延安汇报工作，因飞机失事在山西兴县遇难。

② 宋子文（1894－1971），原籍广东文昌（今海南文昌），生于上海，父亲宋嘉澍是美南监理会（今卫理公会）的牧师及富商，孙中山革命支持者。1971 年 4 月 24 日于旧金山一个小型宴会上用餐时，因在食用鸡肉时误吞鸡骨而被鲠死，终年 77 岁。

改编为国民革命军第八路军（简称八路军）。

1937年8月，中共中央在陕北洛川召开政治局扩大会议，通过了《抗日救国十大纲领》，提出了争取抗战胜利的全面抗战路线。8月25日，中共中央军委发布命令，中央红军改编为八路军，任命朱德、彭德怀为正、副总指挥，开赴华北抗日前线。10月间，又将在南方十三个地区的红军游击队改编为国民革命军新编第四军（简称新四军），任命叶挺为军长，项英为副军长，张云逸为参谋长，开赴华中抗日前线。在共产党的催促下，9月22日，国民党中央通讯社发表了《中共中央为公布国共合作宣言》。23日，蒋介石发表谈话，实际上承认了共产党的合法地位。至此，抗日民族统一战线正式形成，第二次国共合作开始。在这次合作中，国共两党在抗日民族统一战线的旗帜下，在各自领导的正面战场和敌后战场上，分别带领广大军民，共同进行了抗日战争。第二次国共合作，也促成了全国人民空前的大团结，促进了抗日民族统一战线的形成，为抗日战争的胜利，创造了有利的条件。

七、第一次反共高潮

在抗战进入相持阶段以后，日本帝国主义停止了正面战场的战略性进攻，并把对国民党政府以军事进攻为主、政治诱降为辅的方针，转变为以政治诱降为主、以军事打击为辅的方针。在这种情况下，国民党统治集团中亲日派和英美派发生分裂，汪精卫亲日集团公开投敌，亲英美的蒋介石集团则继续留在抗战阵营中，但是，他们也表现出很大动摇性。

时任国民党副总裁、中央政治委员会主席、国防最高会议副主席、国民参政会议长的汪精卫作为国民党亲日派的主要代表人物，早在 1937 年卢沟桥事变爆发后，就开始散布失败主义的言论，酝酿对日的"和平运动"。1938 年 11 月 20 日，与日方签订了《日华协议记录》等卖国文件，双方商定上述协定一旦公开发表，汪精卫等即发表声明，与蒋介石断绝关系，准备成立新政府，实行中日合作，建立东亚新秩序。此后，在日本的授意安排下，1939 年 8 月 28 日，汪精卫集团盗用中国国民党名义，在上海召开伪"国民党第六次全国代表大会"。会上，汪精卫被推选为临时主席，并通过了所谓党纲及调整中日关系及"和平建国"等提案。1940 年，又在日占区成立了伪中央政府——"中华民国国民政府"，公开走上了投降叛国的道路。

以蒋介石为代表的国民党亲英美派，虽然继续主张抗战，但是在英、美的压力和日本的诱降下，表现出严重的妥协退让倾向，开始推行消极抗日、积极反共的政策。1939 年 4 月 21 日至 30 日，国民党召开了五届五中全会，蒋介石虽称要"持久抗战奋斗到底"，但是他却说"我们不恢复七七事变以前原状就是灭亡，恢复了就是胜利"。这充分表明了他在抗日问题上的妥协与退让的态度，也标志着国民党政策重点由对外抗日转移到对内反共，开始推行消极抗日积极反共的反动政策。

与此同时，中国共产党领导的人民军队和群众抗日武装力量的不断发展壮大，国民党统治集团开始发生变化。蒋介石在国民党五届五中全会上说："对中共应采取不打它，但也不迁就它，现在对它要严正——管束——教训——保育——现在要溶共——不要容共。它如能取消共产主义我们就容纳它。"五届五中全会后，国民党中央又陆续制定和颁布了一系列反共秘密文件，如《防制异党活动办法》《共党问题处置办法》《异党问题处理办法》《运用保甲组织防止异党活动办法》《沦陷区防范共党办法草案》等。这些文件由国民党党政军各系统转发饬令各地"加紧努力，切实执行"。蒋介石集团的反共倾向明显增长。

在这种反共方针的指导下，国民党当局在全国各地制造了一系列的反共摩擦事件。1939年冬至1940年春，国民党顽固派的反共活动日趋猖獗，由制造小规模的军事摩擦发展成为对陕甘宁地区、晋西地区、太行山地区三次大规模的军事进攻，形成了第一次反共高潮。

1939年12月，国民党胡宗南部侵占了陕甘宁边区的淳化、正宁、宁县等五个县城和边境的十六个区；中国共产党从抗战大局出发，一再忍让，在对其谈判未果后，被迫自卫反击，坚决打退了来犯之敌，恢复了陇东大部地区。在山西，阎锡山则发动了十二月事变，进攻抗日决死队（新军），新军和八路军协同作战，击退了来犯之敌，并从抗日大局出发，主动提出停止摩擦，后双方达成了停止武装冲突、划区抗战的协议；1940年2月至3月间，国民党石友三、朱怀冰等部配合日伪进攻晋东南太行区的八路军总部，八路军一二九师与晋察冀南下部队相配合，歼灭朱怀冰部主力两个师的大部及反共游杂武装万余人。之后，八路军主动提出休战，双方议定以临（汾）屯（留）公路和长治、平顺、磁县一线为界，该线以北为八路军防区，以南为国民党军队防区。

国民党顽固派在军事上发动反共进攻的同时，在政治思想战线上也开始对共产党发起了攻势。他们网罗了一批反动文人、政客，开动所有的宣传机器，大肆贩卖他们的反共理论，鼓吹蒋介石的

"一个主义、一个政党、一个领袖"的法西斯滥调，叫嚣"共产主义不适合中国国情""共产党不需要存在"。抗战进入相持阶段后，国民党的反共宣传变本加厉。

国民党顽固派破坏抗日团结的行为和言论，引起了广大人民对中国抗战前途和未来的深切忧虑。抗日阵营中代表民族资产阶级和上层小资产阶级利益的中间力量，也表现出了动摇和妥协，甚至加入到反革命阵线中去。

第二章　《新民主主义论》写作的理论基础

一、资产阶级共和国的尝试与失败

自1840年外国资本主义侵入中国以后，虽然促进了中国资本主义的发展，但是中国没有成为资本主义国家，而是逐步沦为半殖民地半封建社会。在这一过程中，先进的中国人，曾经以为废除清王朝的封建君主专制政体，建立资产阶级共和国，是救国救民的最佳方案。

在相当长的一段时间内，人们曾把资本主义看成理想王国。开始时一些中国人把注意力局限于资本主义的物质文明，主张在中国振兴企业、修筑铁路、开采矿山以"富国强兵"，介绍一些自然科学知识，根本不触动中国封建专制的统治，结果失败了。到了19世纪末维新运动时代，先进的中国人开始宣传资产阶级民权思想。资产阶级启蒙思想家严复，翻译了《天演论》等书，并在天津《直报》上发表了《论世变之亟》《原强》《辟韩》《原强续篇》和《救亡决论》等文。系统地介绍和传播了西方资产阶级的社会政治学说和政治制度，幻想依靠反动统治阶级变法维新，结果又失败了。20世纪初，西方资产阶级的著作大量介绍到中国来，如卢梭的《民约论》、孟德斯鸠的《万法精理》、约翰·穆勒的《自由原理》等书，都翻译成中文出版，传播了资产阶级的政治思想和政治制度，成为中国思想界要求革新的人士所关注的问题。

以孙中山为代表的资产阶级革命派，为了在中国建立资产阶级共和国努力奋斗。辛亥革命是更完全意义上的资产阶级民主主义革命，它推翻了统治中国几千年的封建帝制，建立了中华民国。1912年元旦，孙中山在南京宣誓就任中华民国临时大总统，宣告中华民国成立。1月28日，成立了以林森为议长的中华民国临时参议院，代行议会职权。临时参议院制定并通过了《中华民国临时约法》，以西方资产阶级共和国为榜样，按照立法、行政、司法三权分立的原则，规定了国家的权力、政权组织形式和公民的权利等，体现了当时资产阶级民主主义的要求。这时，许多人对它抱有很大的期望。

辛亥革命后，任清政府内阁总理大臣的袁世凯，出兵向革命党要挟议和，一面威胁孙中山让位，一面挟制清帝退位。由于中国资产阶级的软弱性，向袁世凯妥协让步。1912年2月15日，临时参议院批准孙中山辞去临时大总统职务，选举袁世凯为临时大总统。辛亥革命的成果，被封建军阀袁世凯篡夺。这时，熟悉西方政治制度的宋教仁，迷信权威集中于国会，致力于选举运动。国民党在选举中果然取得国会的多数席位，他企图成立政党内阁，以制约袁世凯。可是，就在1913年3月国会开会前夕，袁世凯派人将宋教仁刺杀于上海。同年10月6日，由于袁世凯在国会中成立"公民党"，操纵选举，又当上了"正式大总统"。11月，袁世凯下令解散国民党，撤销国民党议员资格，使会不足法定人数，无法开会。1914年1月竟公然解散国会。3月，袁世凯召开约法会议，另订新约法，于5月废除《中华民国临时约法》，仍然打着民国的招牌，公布《中华民国约法》，扩大总统权力，规定大总统不需经过国会即可处理外交事宜和任免官吏，政府各部总长"均直隶于大总统"，加强了袁世凯的独裁统治。

1915年5月9日，袁世凯为了换取外国帝国主义对他复辟帝制的支持，接受日本提出的旨在灭亡中国的"二十一条"。同年12月12日，他申令恢复帝制，承受帝位。12月31日，袁世凯宣布于1916年元旦废除民国纪元，改为"洪宪"元年。这年3月22日，由于全国反对，袁世凯被迫宣布取消帝制。6月6日，在全国人民声讨中，袁世凯忧惧死去。然而代之而起的，却是大大小小的封建军阀的统治，他们各霸一方，大军阀以"武力统一"相号召，小军阀则以"保境安民"相对抗。不但民主共和国看不见，且政治更加险恶，列强入侵日益严重，各个军阀在帝国主义支持下，为了争夺地盘不断发生战争。军阀间的连年混战，为害人民，国家的元气丧失殆尽。

辛亥革命的实践证明，资产阶级共和国的方案在中国行不通。忧国忧民的中国人，感到国家没有出路，"中国向何处去"成了问题。

第二次国共合作，促成了全国人民空前的大团结，促进了抗日民族统一战线的形成，为抗日战争的胜利，创造了有利的条件。但是面对国民党的独裁统治及其进行的消极抗日、积极反共活动，面对国民党蒋介石集团大肆宣扬"一次革命论"，鼓吹"一切革命都包括在三民主义里面了"，一些中间力量又开始产生了在中国建立一个欧美式的资产阶级共和国的幻想。

二、马克思主义在中国的传播与发展

自 1840 年鸦片战争以来，中国开始由封建社会沦为半殖民地半封建社会，中华民族陷入苦难深重和极度屈辱的深渊。为反抗帝国主义和封建主义的压迫，中国人民进行了不屈不挠的斗争，但是却始终找不到思想武器来挽救民族的危亡。

封建主义的思想武器打了败仗，从西方传来的资产阶级民主共和国方案也徒有虚名，多党制、议会制这一套不能解决中国的实际问题，而只是成为各派军阀、官僚、政客借以争权夺利的工具。救亡图存迫在眉睫，旧的路走不通了，就迫使人们去寻找新的出路；旧的思想武器不灵了，就迫使人们去寻找新的思想武器。

马克思主义作为科学的学说，是 19 世纪 40 年代在欧洲形成的，但是那时候的中国社会既没有适宜它在中国生根发芽的的土壤和气候，也没有形成接受和运用这一学说的载体和可能。到了 19 世纪末20 世纪初，马克思主义被介绍到中国。孙中山、朱执信①、梁启超、

---

① 朱执信（1885－1920），中国近代资产阶级革命家、思想家，名大符，1885 年10 月 12 日生于广东番禺（今广州市）。1904 年以官费留学日本，结识了孙中山、廖仲恺等革命党人。1905 年 8 月中国同盟会在日本东京成立，他被选为评议部议员兼书记。先后担任过《民报》《建设》等刊物的编辑，积极从事资产阶级革命的理论宣传工作。1920 年 9 月 21 日，他在虎门被桂系军阀杀害。

刘师培①等一些政治家和学者都在其论著中提到过马克思的学说，但只是作为西方新学说的一种被介绍，并没有在社会产生大的影响，也没有人信仰。

俄国爆发的十月社会主义革命使得中国的先进分子认识到了马克思主义，他们看到了在马克思主义指导下的十月革命的成功，再加上中国工人阶级的队伍成长壮大起来，已经有了接受马克思主义的阶级基础。于是，马克思主义在中国的广泛传播与早期的一些政治家和学者的介绍相比有了质的飞跃，选择马克思主义就成为中国社会变革的迫切需要，中国社会变革的需求是马克思主义被选择的第一推动力。

五四新文化运动的精神领袖陈独秀、李大钊等，他们世界观转变的特征是抛弃原有的资产阶级民主主义世界观，转向接受新的马克思主义的世界观。李大钊是中国第一个传播马克思主义并主张向俄国十月革命学习的先进分子。他在北京发起马克思学说研究会，把经过五四运动锻炼的优秀青年组织起来，进一步学习和研究马克思主义学说。在他的教育和影响下，很多青年接受了马克思主义，走上了革命道路，促进了马克思主义在中国更大范围的传播。陈独秀在五四运动的推动下转向科学社会主义，站到了马克思主义的旗帜下。以毛泽东、邓中夏、周恩来为代表的五四爱国运动中青年骨干中的左翼队伍。他们在比较各种新思想的过程中选择了马克思主义作为自己世界观的基础。在这一批青年马克思主义者中，既有像

---

① 刘师培，江苏仪征人，1902 年中举，1917 年被蔡元培聘为北京大学教授，讲授中古文学、"三礼"、《尚书》和训诂学，兼西伯利亚北京大学附设国史编纂处。1919 年 1 月，与黄侃、朱希祖、马叙伦、梁漱溟等成立"国故月刊社"，成为国粹派。1919 年 11 月 20 日因肺结核病逝于北京，年仅 36 岁。

毛泽东这样在国内经过对各种学术思想和革命学说比较、鉴别之后选择马克思主义的,也有像蔡和森这样走出国门"猛看猛译"马克思主义书籍,成为留学生中的马克思主义者的。一些老同盟会会员如董必武、林伯渠、吴玉章等,在十月革命和五四运动的影响下,转而确立起对马克思主义的信念。

三、中国共产党的诞生

中国先进分子接受马克思主义,从一开始就不是把它当作单纯的学理来探讨,而是把它作为观察国家命运的工具。他们以马克思主义基本原理为指导,积极投身到现实斗争中去,注意同工人群众结合,同中国实际结合。这是中国马克思主义思想运动一开始就具有的一个特点和优势。在马克思主义广泛传播并且日益同中国工人运动相结合的过程中,接受了马克思主义的中国先进分子纷纷准备建立工人阶级的革命政党。

1920年初,李大钊、陈独秀等开始了建党的探索和酝酿。4月,俄共(布)西伯利亚局派维经斯基[①]等一行来华,了解中国情况,考察能否在上海建立共产国际东亚书记处。他们先在北京会见了李

---

① 维经斯基,在华期间化名吴廷康,笔名魏琴、卫金等。俄国人。1920年1月到海参威参加共产国际的工作。3月经共产国际同意,受俄共(布)西伯利亚局东方民族分部的派遣率领3名俄籍人来中国,4月到北京,结识李大钊、张太雷。后赴上海,会见《新青年》主编陈独秀和《星期评论》编辑戴季陶、李汉俊、沈玄庐等,向他们介绍十月革命和苏维埃情况,帮助创立中国共产党。1920年11月在上海会见孙中山,畅谈中苏关系和苏维埃制度。次年1月离华回国。1927年5月参加中共"五大"。7月回国后被罢黜在共产国际的工作,到全俄农业合作社工作至1929年,后从事教育工作。1953年在莫斯科病逝。

大钊，后由李大钊介绍到上海会见陈独秀，共同商谈讨论了建党问题，促进了中国共产党的创立。从 5 月开始，陈独秀邀约李汉俊、李达、俞秀松等人多次商谈建党的问题。8 月，陈独秀在上海成立了中国共产党的发起组。10 月，李大钊在北京建立了共产主义小组。接着，在湖南、湖北、山东、广东等地相继建立了党的早期组织，同时在法国和日本也由留学生中的先进分子组成了党的早期组织。这些组织当时叫法不一，有的叫共产党，有的则称共产党小组或支部，由于它们性质相同，因此，后来统称它们为各地共产主义小组。

　　各地共产主义小组建立以后，开展了多方面的革命活动。为了广泛传播马克思列宁主义，统一建党思想，1920 年 9 月，上海发起组把《新青年》杂志（从八卷一号开始）改为党的公开刊物；同年 11 月，又创办了《共产党》月刊，在全国主要城市秘密发行，这是中国共产党历史上第一个党刊。新青年出版社还翻译出版了《共产党宣言》《国家与革命》等马克思列宁主义经典著作，以及多种宣传马克思主义的通俗小册子。各地共产主义小组又创办了一批面向工人的通俗刊物，在上海有《劳动界》，北京有《劳动音》和《工人月刊》，济南有《济南劳动月刊》，广州有《劳动者》等，对工人进行阶级意识的启蒙教育。在此基础上，各地共产主义小组积极深入工人群众，举办工人夜校，建立工会组织。各地还建立了社会主义青年团，发展了一批团员，青年团成为党的有力助手和后备军。

　　1921 年 3 月，在俄共远东局和共产国际的建议和支持下，召开了各共产主义小组的代表会议，发表了关于党的宗旨和原则的宣言，并制定了临时性的纲领，确立了党的工作机构和工作计划，表明了党组织对社会主义青年团、工会、行会、文化教育团体和军队的态度。这次会议为党的成立做了必要的准备。维经斯基回国不久，1921 年 6 月，共产国际派马林等到上海。他们建议召开党的全国代表大会，正式成立中国共产党。上海党的发起组在李达的主持下进行了全国代表大会的筹备工作，并向各地党的组织写信发出通知，要求各地选派两名代表出席大会。来自北京、汉口、广州、长沙、济南和日本的各地代表 7 月 23 日全部到达上海。

1921 年 7 月 23 日—31 日，在上海召开了中国共产党的第一次全国代表大会。大会通过了中国共产党的第一个纲领和决议。纲领规定：党的名称是"中国共产党"；党的性质是无产阶级政党；党的奋斗目标是推翻资产阶级，废除资本所有制，建立无产阶级专政，实现社会主义和共产主义；党的基本任务是从事工人运动的各项活动，加强对工会和工人运动的研究与领导。大会选举产生党的领导机构——中央局，陈独秀为书记，张国焘负责组织，李达负责宣传。

党的一大宣告了中国共产党的正式成立。从此，中国诞生了完全新式的、以共产主义为目的、以马列主义为行动指南的、统一的工人阶级政党。中国共产党的成立，给灾难深重的中国人民带来了光明和希望，给中国革命指明了方向。正如毛泽东所说的那样，中国共产党的成立，是一个开天辟地的大事变。中国共产党成立后，中国革命的面目就为之一新了。

四、毛泽东思想的逐渐成熟

毛泽东晚年曾对刘斐①说过："我是从农村生长出来的孩子，小时候读过私塾，读过孔孟的书，也信过神，母亲生病也去求过神佛保佑哩！旧社会的东西对我都产生过影响。有段时间受到梁启超办的《新民丛报》的影响，觉得改良主义也不错，想向资本主义找出路，走西方富国强兵的路子。十月革命一声炮响，马列主义传入中国，我才接受马克思主义。我们青年时代一批朋友去法国勤工俭学，我没有去，打定主意走自己的路。"当谈到唯心主义把个人神化的错误时，他特别强调说："哪里有什么生而知之的圣人呀！我也从逐步认识社会，走上革命道路的，最主要的是向社会学习，向群众学习。"

关于学校生活结束时的思想状况，1936 年他同斯诺②谈话时，这样说道："在这个时候，我的思想是自由主义、民主改良主义、空想社会主义等观念的大杂烩。我对'19 世纪的民主'、乌托邦主义和旧式的自由主义，抱有一些模糊的热情，但是我是明确地反对军

---

① 刘斐（1898－1983），字为章，湖南醴陵人。国民革命军高级将领，中将衔，曾任中华民国国防部参谋次长、军令部厅长、军政部次长。1949 年后曾任中华人民共和国中央人民政府人民革命军事委员会委员、中华人民共和国国防部研究组组长、中南军政委员会委员兼水利部长，全国政协副主席、全国人大常委会委员等职。

② 埃德加·斯诺（1905－1972），美国记者，因其在中国革命期间著作而闻名。斯诺于 1928 年来华，1933 年 4 月到 1935 年 6 月同时兼任北平燕京大学新闻系讲师，1936 年 6 月斯诺访问陕甘宁边区。抗日战争爆发后又任《每日先驱报》和美国《星期六晚邮报》驻华战地记者。1942 年离开中国。新中国成立后，曾三次来华访问，并与毛泽东见面。1972 年 2 月 15 日因病在日内瓦逝世。遵照其遗愿，其一部分骨灰葬在中国，地点在北京大学未名湖畔。《西行漫记》是斯诺最为著名的出版物，该书纪录了从中共创建至 1930 年期间的中国共产主义运动。

阀和反对帝国主义的。""我的政治思想在这个时期开始形成。我最早的社会经验也是在这里取得的。"

那么，毛泽东是怎样接受马克思主义的呢？在同斯诺谈话中他说："我第二次到北京期间，读了许多关于俄国所发生的事情的文章。我热切地搜寻当时所能找到的极少数共产主义文献的中文本。有三本书特别深刻地铭记在我的心中，使我树立起对马克思主义的信仰。我接受马克思主义，认为它是对历史的正确解释，以后，就一直没有动摇过。这三本书是：陈望道译的《共产党宣言》，这是用中文出版的第一本马克思主义的书；考茨基著的《阶级斗争》，以及柯卡普著的《社会主义史》。到了1921年夏天，我已经在理论上和某种程度的行动上，成为一个马克思主义者，而且从此我也自认为是一个马克思主义者了。"

1921年7月，中共一大在上海召开，标志着中共成立。1924年－1927年，在苏联和共产国际的指导和帮助下，中国共产党与中国国民党合作，进行了反帝反封建的国民革命，曾一度取得很大的胜利。但此时的中共领导人陈独秀提出了"二次革命论"，犯了右倾错误：不能独立自主地解决中共面临的问题，而是被动地等待共产国际的命令；不同国民党右派争领导权，尤其是对军队的领导权；不重视农民问题和农民运动。当国民党掌握了大量军队发动反革命政变时，国民革命很快就失败了。

在这一时期，以李大钊、瞿秋白、周恩来、毛泽东等为代表的中国共产党人提出许多正确主张，主要有以下几点：中共二大（1922年）制定了党在民主革命阶段的反帝反封建纲领：一是消除内乱，打倒军阀，建设国内和平；二是推翻国际帝国主义的压迫，达到中华民族完全独立；三是统一中国为真正的民主共和国。该纲领的提出是中国历史上破天荒的事件；中共三大（1923年）决定同国民党合作，决定全体共产党员以个人身份加入国民党，同国民党合作，建立统一战线，同时强调共产党要保持思想上和组织上的独立性；中共四大（1925年）明确提出了无产阶级在民主革命中领导权和工农联盟的思想。大会指出最受压迫而最有集合力的无产阶级，是最有革命性的阶级。中国的民族民主革命运动，必须有最革命的无产阶级有力地参加，并且取得领导地位，才能取得胜利。农民阶级是无产阶级的天然同盟者，是国民革命的主要力量，无产阶级要实现领导地位和领导革命取得成功，就必须尽可能地同农民结成巩固的联盟。

在此期间，毛泽东所写的《中国社会各阶级的分析》和《湖南农民运动考察报告》，系统论述了中国革命的一些基本问题，集中体现了马克思主义和中国具体实际相结合的最初成果。毛泽东在1925年的《中国社会各阶级的分析》中，第一次把中国资产阶级区分为买办阶级和中产阶级两部分，认为买办阶级是反动阶级，是革命的对象；中产阶级即民族资产阶级代表城乡资本主义生产关系，对革命具有矛盾的态度即要革命，又怀疑革命，主张在中国实现民族资产阶级一个阶级统治的国家，因种种因素的制约，这个主张是完全行不通的。在1927年3月的《湖南农民运动考察报告》中，毛泽东对农民问题进行了深刻论述：认为农民运动好得很，中国革命的中心问题是农民问题。《中国社会各阶级的分析》和《湖南农民运动考察报告》是毛泽东思想萌芽时期的代表著作。

　　大革命时期①，特别是十年内战时期，毛泽东对中国社会特别是中国农村所进行的周密而系统的调查研究，使他对中国的国情有了深刻的了解，与此同时，他撰写了有关中国革命问题的一些重要文章，包括总结革命经验教训的在内，都是形成新民主主义理论的重要准备。进入抗日战争时期——中国革命的一个最伟大、最活跃、最生动的新阶段，他阐述党的理论、路线、战略、方针和政策的著述，更加丰富了。

　　大革命失败后，中国革命从高潮进入低潮，党开始独立领导武装斗争，党的工作重点从城市转向农村，在新的形势下，必须探索革命的新道路。在这一时期，以毛泽东为代表的中国共产党人，把马克思主义的基本原理同中国革命的具体实际结合起来，在实践中开辟了"农村包围城市，武装夺取政权"的革命道路。

　　但是，这个时期党内盛行把马克思主义教条化、把共产国际决议和苏联经验神圣化的错误倾向，认为城市武装起义是革命唯一正确的道路，机械执行共产国际的错误指示。在党内先后出现了三次"左倾"错误：瞿秋白盲动主义（1927 年 11 月—1928 年 4 月），李立三冒险主义（1930 年 6 月—9 月），王明教条主义（1931 年 1 月—遵义会议前）。这些"左倾"错误的主要内容有：第一，在中国革命性质问题上，混淆了民主革命与社会主义革命的界限，把反对资产阶级和反帝反封建并列；第二，在革命形势问题上，认为革命形势处于高潮，应不断进攻；第三，在革命道路问题上，坚持城市

————————

　　① 1924 年 1 月，在中国共产党人的参加和帮助下，孙中山改组国民党，召开中国国民党第一次全国代表大会，重新解释三民主义，第一次国共合作建立。之后创办黄埔军校，建立国民革命军，组织国民政府。进行东征和南征，平定了反革命叛乱，推动革命迅速发展。1926 年 7 月，国民革命军出兵北伐。

中心论；第四，在组织上，搞宗派主义；第五，在军事上，采取军事教条主义，搞阵地战。这些"左倾"领导者对毛泽东等人打击一次比一次严重。结果是中央红军第五次反"围剿"失败，被迫长征。中国革命几乎处于绝境。

以毛泽东为代表的中国共产党人，坚决反对教条主义和"本本主义"。毛泽东先后写了《中国的红色政权为什么能够存在?》（1928年10月）、《井冈山的斗争》（1928年11月）、《关于纠正党内的错误思想》（1929年12月）、《星星之火，可以燎原》（1930年1月）、《反对本本主义》（1930年5月）等文章，取得了重要的理论成果：第一，初步创立了农村包围城市、武装夺取政权的有中国特色的革命道路理论；第二，提出了正确的党的建设原则；第三，初步形成了马克思主义的思想路线；第四，提出新型人民军队建设的理论和军事战略战术思想；第五，制定了正确的土地革命路线。这些论断的提出，标志着毛泽东思想的初步形成。

1935年1月，当红军长征到遵义时，中共中央政治局召开了扩大会议，即遵义会议。这次会议是我党摆脱了共产国际的束缚，独立自主地解决了至关重要的组织和军事指挥权问题，结束了王明①路线在中央的统治，确立了毛泽东为代表的马克思列宁主义路线在党内的主导地位，从而实现了党的历史上生死攸关的伟大转折，也标志了中国共产党在政治上走向成熟。

---

① 王明（1904－1974），男，原名陈绍禹，字露清，安徽金寨县双石乡码头村人，中国共产党前期的重要领导人之一。1925年10月加入中国共产党，11月去莫斯科中山大学学习，1929年3月回国，任中共上海沪东区委宣传干事。1930年从苏联回国后，打着"反对立三路线"旗号，在1931年1月的六届四中全会上夺取了中央领导权，至1934年间，在党内推行了一条以教条主义、媚苏亲苏为特征的"左"倾机会主义路线，对革命事业造成了极大危害。

在土地革命战争后期和抗日战争时期，毛泽东思想得到系统总结和多方面展开而达到成熟。这些从毛泽东的一系列著作中可见端倪：《必须注意经济问题》（1933 年 8 月）、《论反对日本帝国主义的策略》（1935 年 12 月）、《中国革命战争的战略问题》《实践论》《矛盾论》《论持久战》《中国共产党在民族战争中的地位》《战争和战略问题》《抗日游击战争的战略问题》《青年运动的方向》，这些都是他思想逐步走向成熟的标志性著作。

特别是在 1939 年 5 月发表的《五四运动》一文中毛泽东说到："二十年前的五四运动，表现中国反帝反封建的资产阶级民主革命已经发展到了一个新的阶段。""中国民主革命的完成依靠一定的社会势力。这种社会势力是：工人阶级、农民阶级、知识分子和进步的资产阶级，就是革命的工、农、兵、学、商，而其根本的革命力量是工农，革命的领导阶级是工人阶级。如果离开了这种根本的革命力量，离开了工人阶级的领导，要完成反帝反封建的民主革命是不可能的。"他在五月四日所作的讲演《青年运动的方向》中，把正在进行着的中国革命称作"我们中国反对帝国主义和封建主义的人民民主革命"。他说："这个革命，资产阶级已经无力完成，必须靠无产阶级和广大人民的努力才能完成。"它在打倒帝国主义和封建主义以后，要"建立一个人民民主的共和国"，"建立人民民主主义的制度"。"它比起现在这种半殖民地半封建的状态来是不相同的，它跟将来的社会主义制度也不相同。"但是毫无疑义的，"中国将来一定要发展到社会主义去，这样一个定律谁都不能推翻"。

另一个值得一提的就是毛泽东在 1939 年 12 月写成的《中国革命和中国共产党》。这是毛泽东和其他几个在延安的同志合作写作的一个课本，第二章"中国革命"是他自己写的，第一章"中国社会"是别人起草后经他修改定稿的。《中国革命和中国共产党》最早发表在延安出版的刊物《共产党人》上。建国后，这篇著作经他审定收入《毛泽东选集》。在这篇文章中，毛泽东第一次把资产阶级民主革命区别为旧民主主义革命和新民主主义革命，并且明确地规定："所谓新民主主义的革命，就是在无产阶级领导之下的人民大众的反帝反封建的革命。"为什么中国现阶段的资产阶级民主革命只能是新民主主义的革命？这是由中国的实际国情所决定的。毛泽东写道："认清中国社会的性质，就是说，认清中国的国情，乃是认清一切革命问题的基本的根据。"正因为如此，《中国革命和中国共产党》这部著作，首先从分析中国社会着手，以此为基础，对中国革命的对象、任务、动力、性质、前途等问题逐一进行了详细的论述。他指出：中国现时的社会，是一个殖民地、半殖民地、半封建的社会。这种社会性质决定现阶段中国革命的主要对象或主要敌人，是帝国主义和封建主义。其中又以帝国主义的民族压迫为最大的压迫，因而帝国主义是中国人民的第一个和最凶恶的敌人。在日本武力侵入中国以后，中国革命的主要敌人是日本帝国主义和勾结日本公开投降或准备投降的一切汉奸和反动派。中国革命的任务，就是对外推翻帝国主义压迫的民族革命和对内推翻封建地主压迫的民主革命，而最主要的任务是推翻帝国主义的民族革命。这两项革命任务是互相关联的。

中国革命的敌人是异常强大的。中国革命的艰巨任务谁能完成呢？这就是中国革命的动力问题。毛泽东对中国社会各阶级的经济地位和政治状况等方面的特点逐一进行分析后，得出结论：中国无产阶级有着许多突出的优点，所以能成为中国革命的最基本的动力。"中国革命如果没有无产阶级的领导，就必然不能胜利。"但如果单凭它一个阶级的力量是不能胜利的，而要胜利就必须在各种不同的情形下团结一切可能的革命的阶级和阶层，组织革命的统一战线。在中国社会的各阶级中，农民是工人阶级的坚固的同盟军，城市小资产阶级也是可靠的同盟军，民族资产阶级则是在一定时期中和一定程度上的同盟军。

中国的资产阶级是一个复杂的问题。毛泽东明确地提出："资产阶级有带买办性的大资产阶级和民族资产阶级的区别。"这是一个极其重要的区别。毛泽东指出，民族资产阶级是带两重性的阶级，一方面受到帝国主义的压迫和封建主义的束缚，因此能成为革命的力量之一；另一方面由于他们在经济上和政治上的软弱性，由于他们没有完全断绝同帝国主义、封建主义的联系，因此，又没有彻底的反帝反封建的勇气，当民众革命力量强大起来时表现得最为明显。毛泽东指出，民族资产阶级的这种两重性，决定了他们在一定时期中和一定程度上能够参加反对帝国主义和反对官僚军阀政府的革命，成为革命的一种力量，而在另一时期，就有跟在买办大资产阶级后面，成为反革命助手的危险。在抗日时期内，他们不但和大地主、大资产阶级的投降派有区别，而且和大资产阶级的顽固派也有区别，至今仍然是我们较好的同盟者，因此，"对于民族资产阶级采取慎重的政策，是完全必要的"。同时，还指出中国带买办性的大资产阶级是分属于几个帝国主义国家的，在抗日战争中，对亲日派大资产阶级与英美派大资产阶级应加以区别。前者是投降派，应该打倒；后者是顽固派，具有两面性，对他们应采取革命的两面政策。此外，许多中小地主出身的开明绅士，即带有若干资本主义色彩的地主们，还有抗日的积极性，还需要团结他们一道抗日（关于大资产阶级与民族资产阶级、亲日派大资产阶级与非亲日派（即英美派）大资产阶级、大地主与中小地主及开明绅士之间的这些区别，当《中国革命和中国共产党》最初在《共产党人》上发表时还没有讲到。1940年3月21日，毛泽东在《目前抗日统一战线中的策略问题》中第一次讲到这个问题。同年四月以后，他对《中国革命和中国共产党》的这部分作了相应的修改。

由于中国社会的殖民地、半殖民地、半封建性质，也就是中国的特殊国情，就决定了："现阶段中国革命的性质，不是无产阶级社会主义的，而是资产阶级民主主义的"。但是，"现时中国的资产阶级民主主义的革命，已不是旧式的一般的资产阶级民主主义的革命，而是新式的特殊的资产阶级民主主义的革命，这种革命正在中国和一切殖民地半殖民地国家发展起来，我们称这种革命为新民主主义的革命"。这种新民主主义的革命，就是"在无产阶级领导之下的人民大众的反帝反封建的革命"。"中国的社会必须经过这个革命，才能进一步发展到社会主义的社会去，否则是不可能的。"这就是毛泽东在这篇文章中得出的最主要的结论。毛泽东还指出：新民主主义革命必然带来两方面的结果：一方面，扫清了资本主义发展道路上的障碍物，资本主义会有一个相当程度的发展；另一方面又有社会主义因素的发展。这种社会主义因素是：无产阶级和共产党在全国政治势力中的比重的增长；农民、知识分子和城市小资产阶级或者已经或者可能承认无产阶级和共产党的领导权；民主共和国的国营经济和劳动人民的合作经济。加上有利的国际环境，就能使中国革命的前途走向社会主义，而不是资本主义。

毛泽东《中国革命和中国共产党》这部著作的发表，大大打开了人们的眼界。它对中国社会的性质和中国革命的一系列根本性问题作出了如此系统而清晰的说明，使原来令人感到眼花缭乱的纷繁的社会现象顿时显得那样井井有条而易于理解，使人们在复杂多变的局势面前感到心明眼亮，能够始终清醒地把握住基本的方向，保持一致的步伐。它在当时和以后很长时间内产生的巨大影响是难以估量的。

令人难以置信的是毛泽东这些具有历史意义的重要文章都是在极其简陋的环境中写出来。他住在延安杨家岭的两间窑洞里，里间是寝室，有一张木床、一个小木方凳、一个木箱；外间是办公室，有一个旧书架、一张作为办公桌的旧方桌，还有一些小方凳。他习惯于通夜工作，到天快亮时才睡，上午十时又起来继续工作了。当时担任他的保卫参谋的蒋泽民回忆道："毛泽东写文章是非常辛苦的。延安地区没有电，夜晚毛泽东写文章时点两根蜡烛照明，烛光昏暗而又跳动，很影响视力，容易使眼睛疲劳。毛泽东写累了，就揉揉酸胀的双眼，再继续写，一夜之后，他的脸上沾了一层烟尘。""毛泽东写文章用的是毛笔。写前打好腹稿，然后挥笔而就，疾书成文。他写东西时，桌子上一般不放书籍和报纸，不参照别人的东西。""他埋头书写很长一段时间后，往往要停下笔休息几分钟，或者点燃一支烟吸，或者站起来，到门外的空场上走一走。如果他表情是平静的，面带微笑，和我们或公务员唠几句嗑，那么，他已经完成一部分文稿了。""毛泽东写好文章，有的进行反复修改后，让我们送给中央首长传阅，有关军事方面的文章都要送给朱德看，政治方面的文章送给王稼祥看，认真听取他们的意见。""经过反复讨论后，把大家的意见集中起来，他再一次修改。"

毛泽东始终立足于无限丰富的中国革命斗争实践中，他认识上的每一步深化，都来源于对客观实际生活中种种新情况和新问题的细心观察和深入思考，来源于反复地同了解实际情况的人交换意见，集思广益，从来不作那种脱离实际的个人冥思苦想；另一方面在于他勤奋地刻苦地钻研马克思主义著作。他的办法是："读马克思主义理论就在于应用，要应用就要经常读，重点读，读些马列主义经典著作，还可以从中了解马克思主义发展过程，在各种理论观点的争论和批判中，加深对马克思主义普遍真理的认识。"他曾对曾志说："我写《新民主主义论》时，《共产党宣言》就翻阅过多少次。"

"新民主主义"这面大旗高高地举起来了。那么，新民主主义的政治、经济和文化的具体内容是什么，它们的特点是什么，还有其他许多问题需要进一步加以发挥和说明。

所有的这些探索，都为后来的1940年陕甘宁边区文化协会第一次代表大会在延安召开，毛泽东在会上作的长篇演讲《新民主主义的政治与新民主主义的文化》夯实了牢固的理论基础。

五、将更多人吸引到自己的旗帜下

有了前面理论的积淀，再加上抗战爆发以后，中共从原来遭受严密封锁的境况中走出来，变成全国性的大党，公开走上全国政治生活的大舞台，受到人们越来越密切的关注。在严峻的国际国内局势下，中国共产党受到了更多人的关注，也有越来越多的人希望了解中共对时局和中国未来前途的看法。那么中国共产党作为一个已经成为了全国性大党的政党，它要在抗日民族统一战线中坚持独立自主，就必须要在全国人民面前旗帜鲜明地提出自己区别于其他政治力量的主张，要让更多的人知道和了解自己对时局以及未来中国前途的看法，更要把更多的人吸引到自己的旗帜下。

与此同时，在我们党内，以王明为代表的右倾机会主义者，反对毛泽东制定的正确路线，否定党在抗日民族统一战线中的领导权，反对游击战的一系列战略方针。尽管中国共产党的六届六中全会批判了王明的左倾教条主义，但是中国共产党内一些同志对于中国革命的性质、阶段、抗战胜利后中国的前途等问题，既没有明确的认识，也存在错误的看法。如何为中国共产党内部的各种模糊认识和错误倾向指明一个正确的方向，如何在理论上阐述中国革命的重大问题，进而澄清党内的错误思想，统一全党的认识，处在党的领导核心的毛泽东，必须要站在更高的层面上来统筹中国革命的全局。于是，已经有了大革命、土地革命、抗日战争的近 20 年的经验教训，已经成为一个政治上成熟的中国共产党，就必须要系统地问答上述的问题。以毛泽东为代表的中国共产党人已经能够集中精力思考在全民族抗战的特定历史条件下，中国革命的一系列根本问题，也可以将马克思主义普遍原理与中国革命具体实际很好地结合起来，于是才有了对中国的前途和革命道路问题做出系统地回答，做出明确的阐述的可能。

1939 年 10 月 4 日，毛泽东为中共中央的刊物《共产党人》撰写了的发刊词。在《〈共产党人〉发刊词》中，毛泽东根据中国的历史和社会状况，深刻揭示了中国新民主主义革命的基本特点，总结了中国共产党 18 年来的主要经验，提出了民主革命中统一战线、武装斗争、党的建设这三个基本问题及其相互关系。毛泽东在文章中指出：统一战线，武装斗争，党的建设，是中国共产党在中国革命中战胜敌人的三个主要的法宝。在三大法宝中，统一战线和武装斗争，是战胜敌人的两个基本武器，而党的组织，则是掌握这两个武器以实行对敌冲锋陷阵的英勇战士。毛泽东写这篇发刊词的时候，国民党顽固派在军事上掀起了反共高潮，还开动所有的宣传机器，大肆贩卖反共理论。一时间，"共产主义不适合中国国情""共产党不需要存在"的论调充斥着国民党的报刊杂志。在严峻的斗争面前，中国共产党必须从根本上向全国人民说明自己对中国革命的见解，回答中国向何处去的问题。毛泽东先后发表《〈共产党人〉发刊词》《中国革命和中国共产党》等一系列文章。用毛泽东的话来说，"那些论文和文件，只有在那个时候才能产生，在以前不可能，因为没有经过大风大浪，没有经过两次胜利和两次失败的比较，还没有充分的经验，还不能充分认识中国革命的规律"。"到了抗日时期，中国民主革命这个必然王国才被我们认识，我们才有了自由"。这些都是革命经验的总结，也为后来的《新民主主义论》的写作奠定了坚实的基础。1939 年年底，毛泽东曾致信吴玉章，请吴阅读待发表的《新民主主义的政治与新民主主义的文化》一文，并提出修改意见。

　　1940 年 1 月 4 日至 12 日，陕甘宁边区文化协会①在王家坪女子大学大礼堂举行了第一次代表大会。出席大会的个人代表 123 名，

---

　　①　1937 年 11 月 14 日，陕甘宁边区文化协会召开成立大会。文协负责人为成仿吾、周扬、柯仲平等。文协机关设在延安城内。1938 年 11 月，迁至延安城北兰家坪。文协成立后，先后组织了诗歌总会、文艺突击社、戏剧救亡协会、民众娱乐改进会、文艺战线社、讲演文字研究会、大众读物社、文艺顾问委员会、抗战文艺工作团等机构。1938 年 8 月，文协和战歌社、西北战地服务团战地社联合在延安发起了首次街头诗歌运动，宣传抗战。

107 个文化团体的代表 274 名。毛泽东为大会题词："为建立中华民族的新文化而斗争"和"鲁迅的方向就是中华民族新文化的方向"。1940 年 1 月 9 日，毛泽东在陕甘宁边区文化协会第一次代表大会上发表讲演，题目为《新民主主义的政治与新民主主义的文化》。"这个长篇的演讲，从下午一直讲到晚上点起煤气灯的时分"。"拥挤在会场里的五六百听众，被他的精辟论述和生动话语所鼓舞、所吸引，聚精会神，屏息静听，情绪热烈，不时响起一阵阵的掌声"。演讲之后，1940 年 1 月 21 日，毛泽东曾经写信给周扬[①]："文章虽算写好了，但还待汇集意见加以最后修改，还得两三天才能将最后修正稿交你付印，累你等得太久了！现送上初稿一份，请加审阅、指正、批示，并退我为盼！"1 月 23 日，毛泽东又写信给周扬："我的感冒还未好，字还要等两天才能写好送来。兹先将文章送上，请付印，清样打好后，请给我自己校对一次。你对此有何意见，仍请阅示，以便校对时修改。前送上的那一份，仍请退还。"

之后，毛泽东的确又吸取了各方面反馈意见，反复进行修改。最终，1940 年 2 月 15 日，由延安出版的《中国文化》[②] 创刊号上以《新民主主义的政治与新民主主义的文化》为题，首次公开发表了这篇文章。同年 2 月 20 日，在延安出版的《解放》周刊第九十八、九十九期合刊上登载这篇文章时，将题目改为《新民主主义论》，并对文中各部分加写了小标题。现收入《毛泽东选集》第二卷。毛泽东

---

① 周扬（1908－1989），原名周运宜，字起应，笔名绮影、谷扬、周苋等，湖南益阳人，毕业于上海大夏大学。中共文艺理论家、文学翻译家、文艺活动家。中科院院士。曾任中国左翼作家联盟党团书记、文化总同盟书记、《文学月报》主编。1989 年因脑部疾病而病逝。

② 《中国文化》是 1940 年 2 月在延安创刊的杂志，1941 年 8 月停刊。

自己说，他这篇讲话的"目的主要为驳顽固派"，但它的意义远远超出这个范围。

第三章　《新民主主义论》在当时产生的影响

一、《新民主主义论》当时产生的影响

国民党发动第一次反共高潮前后，陈立夫曾策动亲近国民党的一些文人，如张君劢①、叶青②等，在政治思想领域掀起一股反共

---

①　张君劢（1887－1968），原名嘉森，字士林，江苏宝山（今属上海市宝山区）人。张君劢早年入上海江南制造局的广方言馆学习英文和数学、物理、化学等西学，以后曾入上海震旦学院从马相伯读西方历史和哲学，后因学费问题改入南京江南高等学校就学。1913年入德国柏林大学学习。张君劢一直坚持反对以战争的方式解决中国内部问题。在蒋介石公然撕毁旧政协决议以后，由于蒋介石采纳的宪法提案没有根本违背张氏的宪法版本，再加上他要安置其部下，因此他率领民社党（此时国社党和民主宪政党已合并，改名为民主社会党）参加了当时的国民政府。这一天真的举措彻底葬送了他和中国共产党及民盟的友谊，连他的挚友张东荪都和他划地绝交。但此后不久，蒋介石又悍然发动了内战，张君劢本人也对蒋介石的国民政府彻底绝望。随着战事日趋明朗，张君劢认为他"再造中国"的理想大势已去，他眷恋的祖国已经没有了他容身的地方。就在他离开大陆前夕，他在中国共产党开列的首批43名战犯名单上，赫然位居第43名。1949年经澳门去印度，1951年后寓居美国。1969年在旧金山的一所疗养院去世，享年82岁。

②　叶青，即任卓宣（1896－1990），原名启彰，笔名叶青，四川南充人。1923年加入中国共产党，1928年被捕后叛变，担任过中国国民党中央宣传部副部长，长期进行反共宣传活动。抗战进入相持阶段后，1939年1月国民党五届五中全会确立了"溶共、防共、限共、反共"的方针，并通过了《防制异党活动办法》等。会后遂有"一个主义，一个领袖，一个政党"的宣传潮流，其中叶青的言论最为突出。

狂潮，公然叫喊共产主义不符合中国国情，共产党及其边区政府没有存在的必要，应将马克思暂搁一边或收起来，"三民主义"可以满足中国现在和将来的一切要求，它一实现，中国便不需要社会主义了。蒋介石、陈立夫之流在思想领域散布的这些诋毁马克思主义和共产党的言论，旨在影响广大人民群众，尤其是青年，希望他们不要相信共产党，不跟共产党走。国民党的恶意宣传，将全国人民特别是青年学生打入了闷葫芦，使他们迷失了前进的方向。面对这种反共反马克思主义的声浪，中国今后向何处去，将来要建成一个什么样国家，一度成为全国人民十分关注的大问题。为了给人民大众，尤其是广大青年指点迷津，使他们认识国情，了解中国共产党，并走革命之路，争取抗战的最后胜利，毛泽东在《新民主主义论》一文中科学、准确地阐述了中国革命的新民主主义性质；说明了新民主主义和社会主义的关系；说明了在新民主主义革命时期，中国共产党必须采取既区别于资本主义，又区别于社会主义的新民主主义的政治纲领、经济纲领、文化纲领。

《新民主主义论》作为指导中国新民主主义革命的纲领性文献，一经问世，就广受关注，影响巨大，使中国共产党为配合抗日民族统一战线的建立而在思想文化领域里发起的新启蒙运动达到了高潮。自此，新启蒙终于有了标准的、权威的教科书式的著作。

《新民主主义论》理所当然地成为解放区党员、干部学习的教材，在传播过程中对国统区知识分子思想上也产生了深远的影响和理论上的引导。

　　《新民主主义论》的面世，使许许多多知识分子、青年学生思想上雾散云去，茅塞顿开，一些大中学校的师生还互相传阅，并自发组织座谈会，交流学习心得。《新民主主义论》让见识幼稚、感情冲动的青年学生告别了徘徊而走向革命；它让许多过去一贯反对共产主义的国家主义者和自由主义者，由于对侵华日军罪恶行径的深恶痛绝，和对国民党统治集团腐败无能的彻底绝望，以及随着自身生活的贫困化而对下层人民苦难生活认识的逐渐加深，发生了转变而倾向进步。

　　当时中国化学界泰斗曾昭抢和他的学生唐敖庆就是这方面最有典型性和代表性的实例。作为留学美国麻省理工学院的化学博士，曾昭抢回国后历任中央大学、北京大学和西南联大教授，抗战爆发后，由于对国民党当局的倒行逆施强烈不满，遂开始关心政治，参加争取民主、反对独裁的政治斗争。1944 年，在西南联大任教的曾昭抢通过共产党的地下组织辗转得到《新民主主义论》等革命著作后，便如饥似渴地进行了认真研读。他经常引用《新民主主义论》的原话分析时局、发表演讲，因此被国民党特务组织列入黑名单。曾昭抢的学生和助手唐敖庆读过《新民主主义论》后坚定不移地相信"只有社会主义才能救中国"的真理，与志同道合的同学一起，通过各种方式和途径，开展了旗帜鲜明的政治宣传活动，并在斗争中成立了进步学生组织"哥伦比亚大学中国同学会"，唐敖庆还被推选为第一任主席。

　　凡此种种，足以说明，《新民主主义论》的问世，影响非凡、广泛而久远。

二、查禁《新民主主义论》

毛泽东的 27 000 字的《新民主主义论》一文，发表在 1940 年 1 月创刊的《中国文化》杂志上以后，又出版了单行本，并在重庆各书店及《新华日报》营业部出售甚多。中统特务看到毛泽东的《新民主主义论》后，马上买了几本送给国民党军统特务头子徐恩曾，徐恩曾过了目又送给陈立夫看。毛泽东的文章和著作，陈立夫过去看过一些，尤其是在国民党高层中广为传颂的《论持久战》，他曾看过多遍。对毛泽东的才学、文笔，陈立夫心里还是颇佩服的。由于那本书主要是谈抗日，又写得无话可说，国民党没有理由查禁，重庆各书店销售了不少。这一次就不同了。陈立夫认为问题很大，特别是毛泽东在书中指破了国民党一天到晚高唱的"三民主义"不是孙中山的三民主义，是伪三民主义，又公开说要建设一个新民主主义政治、新民主主义经济和新民主主义文化相结合的新民主主义共和国，使他感到难以容忍，认为这是共产党要推翻国民党政府的信号。陈立夫立即将此事报告了蒋介石，并建议对此书予以查禁。蒋介石看过《新民主主义论》之后，与陈立夫也有同感，表态同意对《新民主主义论》进行查禁。

1940 年 6 月 13 日，根据蒋介石、陈立夫的指示，国民党中央国家杂志审查委员会，给重庆新闻检查局发文，以国民党图书杂志审查委员会名义下令查禁毛泽东的《新民主主义论》电文如下：

重庆新闻检查局公鉴：某党发表之"新民主主义论"一文，违背国策，应予查禁；该文内容异常荒谬，某党于此抗战形势更于我有利之时，提出此种荒谬之名词，其必发动党内及同情该党之报章杂志作普遍之宣传亦为意料中事，请各级审查机关审查原稿时应切实注意，凡遇有宣传此类名词之文字，应一律予以检扣或删削补送外，用特电请查照饬属，切实注意办理为荷。

此令发下去后，遍布重庆各个角落的中统特务马上到各书店、书报摊上进行查禁。有趣的是，特务们虽然下了很大的力气，效果却不理想，因为此书面世后，销得很快，其内容也已深入人心了。国民党特务最终是竹篮打水一场空。当然毫无疑问，毛泽东的《新民主主义论》在社会上，尤其是在国统区的心脏重庆，产生了很大的影响。

三、"新民主主义"旗帜的树立

原本毛泽东发表《新民主主义论》，就是为了和党内外，包括国统区几种建国思路展开论辩。当时中国的思想界、实业界，已经有人构想把英美的议会政治制度，同苏联的国家统制经济制度二者嫁接起来的方案了。究竟什么制度好？毛泽东在《新民主主义论》发表之后，同年2月又在声讨汪精卫的大会上演说中摆出了陕甘宁边区有十大好处："陕甘宁边区是全国最进步的地方，这里是民主的抗日根据地。这里一没有贪官污吏，二没有土豪劣绅，三没有赌博，四没有娼妓，五没有小老婆，六没有叫花子，七没有结党私营之徒，八没有萎靡不振之气，九没有人吃摩擦饭，十没有人发国难财。"

的确，延安的吸引力就可以成为一个最好例证：1938年末，等待批准进入陕甘宁边区的青年学生有 2 万人，到了 40 年代初期，延安已经形成一个约 4 万人的知识分子群体。1938 至 1940 年是统一战线执行得最好的岁月，全中国加入共产党的人数达到了 80 万人。很多外来者被吸收进边区政府职能体系，到 1940 年陕甘宁边区已经拥有人口 140 多万，约 7 900 名政府公务员。1 000 余人在边区政府，其他则分配到县、区、乡各级机构中去。与国民党官员形成鲜明对比的是，没有一个共产党干部的生活不是简单朴素的，这些穿着土布衣裳与来访者长时间握手的领袖们，让越来越多访问延安的人带出去了一个有别于国统区、沦陷区的乌托邦似的印象。延安在抗战时期实行的是减租减息，可以团结地主阶级抗战。共产党领导的 19 个抗日民主根据地，都统一实行这套政策，陕甘宁做得最好，这才被称为民主中国的模型。那时连少数民族自治都有，在陕甘宁边区有回族、蒙族聚集的乡，就实行民族自治。这个模型里最关键的就是共产党领导，这是新民主主义的政治纲领。而边区的经济规模很小，工商业、公营企业很少，为了生产自救打破敌人封锁，搞了大生产运动，自己动手，丰衣足食。但还不叫国营，而叫公营，规模很小，基础很薄弱，很难说经济里有哪些是社会主义因素。所以侧重强调政治上的因素，只要掌握了无产阶级的领导权，实行稳健务实的经济政策，我们就能在这一亩三分地里使新民主主义制度走向健全和成熟，然后再推向全国。除了民众参与、简政放权、社区自治等特点，延安还意味着一种观念：就是各民主阶级的利益矛盾，可以在不超出共同要求的基础上获得调节，这个共同要求，就是创建一个独立、自由、民主、富强的新中国。这些都成为了毛泽东写作《新民主主义论》

的理论和实践的立脚点。

可以说毛泽东在1940年写《新民主主义论》就是"草鞋无样，边打边像"。但是，这无疑是一种理论的指引，是一种实践的探索。比如新民主主义的经济结构在抗日战争时期到解放战争时期逐渐形成。比如1947年提出的"发展生产、繁荣经济、公私兼顾、劳资两利"的16字方针，就是在此基础之上的发展与完善。甚至新民主主义的基本经济政策："公私兼顾，劳资两利，城乡互助，内外交流，"这个政策直至50年代初一直指导着中国经济发展。这些都是"新民主主义"理论在实践中的一次又一次的尝试，一次又一次的修正，最终它成为了民主中国模型能够生存、发展、巩固的根本，成为未来建立共和国的地方基础，形成了相应的政治、经济、社会模式。

作为一篇有严密的理论体系的、有着很强论战性的文章，《新民主主义论》是毛泽东酝酿的时间很长，写作过程中反复修改，并征求过一些同志的意见。二十多年后，他还曾讲到："《新民主主义论》初稿写到一半时，中国近百年历史前八十年是一阶段、后二十年是一阶段的看法，才逐渐明确起来，因此重新写起，经过反复修改才定了稿。"连一向攻击共产党没有自己的理论的反动文人叶青也不得不表示，自从读到《新民主主义论》，"我对于毛泽东，从此遂把他作共产党理论家看待了"。

早年的毛泽东曾经说过："主义譬如一面旗子，旗子立起了，大家才有所指望，才知所趋。"《新民主主义论》的发表在党内外更引起巨大的反响，使许多人对当前奋斗的目标和中国未来的方向有了清楚明白的了解，使越来越多的人汇集到新民主主义的大旗下来。以毛泽东为核心的党的第一代领导集体，从五四前后接受马克思主义起，经过二十多年的艰苦探索和曲折经历，才把马克思主义同中国的具体实践很好地结合起来，树立起了"新民主主义"这面旗帜。这面旗帜，不仅在抗日战争后期产生了重大的影响，而且对以后的中国革命和建设也起了巨大的指导作用。

第二编 历史的回眸与沉思

第四章 《新民主主义论》的主要内容

一、《新民主主义论》的逻辑线索

《新民主主义论》全文分为十五个小节，分别是：一、中国向何处去；二、我们要建立一个新中国；三、中国的历史特点；四、中国革命是世界革命的一部分；五、新民主主义的政治；六、新民主主义的经济；七、驳资产阶级专政；八、驳"左"倾空谈主义；九、驳顽固派；十、旧三民主义和新三民主义；十一、新民主主义的文化；十二、中国文化革命的历史特点；十三、四个时期；十四、文化性质问题上的偏向；十五、民族的科学的大众的文化。这十五个小节是毛泽东在比较了当时国际发展和国内无产阶级反帝反封建局势，分析了当时中国政治、经济走向，阐明了文化的发展进程以后，前瞻性地得出了中国即将建立的将是一个具有新民主主义性质的政治、经济、文化的新中国。全文深入浅出，层层剖析，第一次旗帜鲜明地提出了新民主主义的完整理论，描绘了新民主主义社会的蓝图，实现了马克思主义中国化过程中的第一次飞跃，丰富和发展了马列主义有关民族和殖民地革命的理论，标志着毛泽东思想的成熟。

基本的逻辑线索是：面对在抗战中期，妥协和反共言论等悲观主义笼罩下中国文化或者是抗战前景渺茫情况下，先进行设问——中国向何处去。然后进行回答——我们要建立一个新中国。之所以建立这个新中国，是中国的历史所决定的，它作为中国未来的发展走向也必将是世界革命的一部分。为此毛泽东在《新民主主义论》中有力地驳斥了资产阶级顽固派反共目的、革命"左"派的"空谈主义"错误、日本帝国主义的政治经济诱降下资产阶级投降派的"一次革命论"的险恶用心，指出在无产阶级革命不断前进的现在，资本主义专政社会之路走不通，社会发展必然是建立一个具有新民主主义经济基础的过渡时期革命阶级联合专政的共和国，再进行社会主义革命。

《新民主主义论》站在历史的分水岭上，从广大人民群众的现阶段反封建反帝的伟大社会实践出发，总结世界无产阶级革命发展，阐明了中国民主革命作为世界无产阶级革命的一部分，是区别于旧民主革命阶段，它的革命任务是无产阶级反帝反封，与新三民主义基本类似却又具备科学性和彻底性。而中国的前景是在此过渡阶段建立各阶层联合专政的共和国，再进行社会主义革命，这就是新民主主义的革命阶段。革命目标的实施有新民主主义的经济基础，即掌控金融、工业等命脉，土地分配等政策，具有较大的可行性和前瞻性，符合历史发展必然，是中国人民在迷茫中正确的选择之路。新民主主义文化是政治和经济的反映，在对待传统文化和外来文化的态度上，毛泽东坚持了辩证统一的态度，"取其精华，去其糟粕"，同时还要为人民服务，这是根本决定文化主体地位的，因为文化正是立足于广大人民革命社会实践，新民主主义文化的各个方面相辅相成，互相交融，政治、经济决定文化性质不是资产阶级专政的，现状的发展应该是少量社会主义，整体而是新民主主义的民族的科学的大众的。中国新文化也是世界无产阶级社会主义新文化的一部分，文化发展又为政治、经济指明方向，鼓舞人心。

《新民主主义论》的提出，在当时对国民党顽固派的反共攻击、投降派的舆论宣传可以说进行了正面交锋，使在抗战中的广大人民群众看到了希望的曙光和建设新中国政府的信念，是无边黑夜的指路明灯，极大地凝聚了人民群众的士气和活力，肯定了群众的奋斗业绩和伟大作用，站在时代的分水岭上做出了前瞻性的预测，历史证明这是正确的。《新民主主义论》中辩证思维运动为我们展开了一个分析与综合相结合的完整过程，也让我们见识了科学概念辩证逻辑运动的魅力。

二、《新民主主义论》主要内容及相关分析

（一） 中国向何处去

这是全文的第一部分，开门见山地交代了全文的背景信息，也是关于《新民主主义论》的写作缘由和目的。

毛泽东开宗明义地提出了"中国向何处去"的问题。原著中这样写道：抗战以来，全国人民有一种欣欣向荣的气象，大家以为有了出路，愁眉锁眼的姿态为之一扫。但是近来的妥协空气，反共声浪，忽又甚嚣尘上，又把全国人民打入闷葫芦里了。特别是文化人和青年学生，感觉锐敏，首当其冲。于是怎么办，中国向何处去，又成为问题了。因此，趁着《中国文化》的出版，说明一下中国政治和中国文化的动向问题，或者也是有益的。对于文化问题，我是门外汉，想研究一下，也方在开始。好在延安许多同志已有详尽的文章，我的粗枝大叶的东西，就当作一番开台锣鼓好了。对于全国先进的文化工作者，我们的东西，只当作引玉之砖，千虑之一得，希望共同讨论，得出正确结论，来适应我们民族的需要。科学的态度是"实事求是"，"自以为是"和"好为人师"那样狂妄的态度是决不能解决问题的。我们民族的灾难深重极了，唯有科学的态度和负责的精神，能够引导我们民族到解放之路。真理只有一个，而究竟谁发现了真理，不依靠主观的夸张，而依靠客观的实践。只有千百万人民的革命实践，才是检验真理的尺度。我想，这可以算作《中国文化》出版的态度。

何所谓"一种欣欣向荣的气象"？何所谓"大家以为有了出路"？何所谓"中国向何处去"？

"大家以为有了出路"是因为中国共产党与国民党发表了两党合作的宣言，以国共合作为基础的抗日民族统一战线正式形成，是因为由于全国人民的团结抗战，粉碎了日本妄图3个月灭亡中国的狂妄计划，这让全国人民看到了希望，看到了出路，也一扫愁眉锁眼[1]

---

① 愁眉锁眼：锁：紧皱。愁得紧皱眉头，眯起双眼。形容非常苦恼的样子。出自元代王实甫《西厢记》第三本第二折："对人前巧语花言，背地里愁眉泪脸。"

的姿态，出现了"一种欣欣向荣的气象"。

　　但是当抗日进入到持久战阶段以后，中国共产党领导的人民军队和群众抗日武装力量的不断发展壮大以后，国民党统治集团开始发生动摇。一方面，国民党进行独裁统治及消极抗日，另一方面，蒋介石集团的反共倾向明显增长。其中国民党顽固派在军事上发动反共进攻的同时，在政治思想战线上也开始对共产党发起了攻势。他们网罗了一批反动文人、政客，开动所有的宣传机器，大肆贩卖他们的反共理论，宣扬"一次革命论"，鼓吹"一切革命都包括在三民主义里面了"，鼓吹蒋介石的"一个主义、一个党、一个领袖"的法西斯滥调，叫嚣"共产主义不适合中国国情""共产党不需要存在"。国民党顽固派破坏抗日团结的行为和言论，引起了广大人民对中国抗战前途和未来的深切忧虑。同时，抗日阵营中代表民族资产阶级和上层小资产阶级利益的中间力量，其中包括中华民族革命同盟、中华民族解放行动委员会、全国各界救国联合会、中国国家社会党、中国青年党、中国致公党、中华职业教育社、乡村建设派等党派和团体，也表现出了动摇和妥协，甚至加入到反革命阵线中去。

　　面对国民党蒋介石集团大肆面对中间力量妄图在中国建立一个欧美式的资产阶级共和国的幻想，中国共产党必须来解答"中国向何处去"的问题。毛泽东自己曾说这篇文章"目的主要为驳顽固派"，但是这篇文章的写作背景却并非如此简单。抗战爆发以后，中共从原来遭受严密封锁的境况中走出来，变成全国性的大党，公开走上全国政治生活的大舞台，受到人们越来越密切的关注。在严峻的国际国内局势下，中国共产党受到了更多人的关注，也有越来越多的人希望了解中共对时局和中国未来前途的看法。那么中国共产党作为一个已经成为了全国性大党的政党，它要在抗日民族统一战线中坚持独立自主，就必须要在全国人民面前旗帜鲜明地提出自己区别于其他政治力量的主张，要让更多的人知道和了解自己对时局以及未来中国前途的看法，更要把更多的人吸引到自己的旗帜下。

（二）　建立新中国

这是全文的第二部分。针对第一部分中提出的"中国向何处去"的问题，毛泽东进行了明确的回答，这个回答就是"我们要建立一个新中国"。

中国共产党刚成立的时候只有几十名党员，在一个相当长的时间里她还是一个幼年的党，很不成熟。从一个幼年的党到一个完全成熟的党，直到领导中国人民取得了新民主主义革命的胜利，经历了一个漫长的、艰难的、曲折的，甚至是痛苦的过程。这中间有失败有成功，有前进有后退，有壮大有缩小……在不断总结失败的教训和成功的经验之后，中国共产党将马克思主义理论与中国的实践相结合，表现出了共产党人对当时中国革命情况的清醒认识，那就是建立一个新中国。所以毛泽东在《新民主主义论》中这样写道：我们共产党人，多年以来，不但为中国的政治革命和经济革命而奋斗，而且为中国的文化革命而奋斗；一切这些的目的，在于建设一个中华民族的新社会和新国家。在这个新社会和新国家中，不但有新政治、新经济，而且有新文化。这就是说，我们不但要把一个政治上受压迫、经济上受剥削的中国，变为一个政治上自由和经济上繁荣的中国，而且要把一个被旧文化统治因而愚昧落后的中国，变为一个被新文化统治因而文明先进的中国。一句话，我们要建立一个新中国。建立中华民族的新文化，这就是我们在文化领域中的目的。

可是这个新中国是什么样的呢？应该说以《新民主主义论》的发表为标志，中国共产党提出一种全新的建国口号，真实地表达共产党的建国意愿，系统阐述了中国共产党对未来社会的设想，那就是建立新民主主义共和国。这个新民主主义共和国与民主共和国是不一样的，内涵上有很大的区别，是一种新质的表现。包括新民主主义的经济，多种所有制经济的共同发展；政治，共产党领导的多党合作；一种文化，民族科学大众的文化。新民主主义共和国提出来以后，应该说受到国内各阶级、阶层的热烈欢迎。毛泽东当时在《新民主主义论》中就论述到："新民主主义的桅顶已经冒出地平线，新中国是我们的，我们拍掌欢迎它吧！"毛泽东很少写出这一类抒情的文章，但是在新民主主义论和对新民主主义共和国的期待，他是富有热情的，热情地期待着。

毛泽东所构想的新民主主义的"新中国"之所以"新"，主要就表现在政治、经济、文化方面与旧中国显著不同。建设新民主主义的共和国面临着建设新民主主义政治、新民主主义经济和新民主主义文化的艰巨任务，因此，《新民主主义论》关于新民主主义社会的建设从总体上讲是一个政治、经济、文化"三位一体"的布局结构。即在这个新社会和新国家中，不但有新政治、新经济，而且有新文化。

在这段中"文化"一词出现多次，尤其是"新文化"一词先后出现了三次，可以看出中国共产党历来重视文化建设。换言之，中国共产党要建立一个政治自由、经济繁荣、文化先进的美好新中国，首先在于新文化的建设。

（三） 历史特点

这是全文的第三部分，承接上文毛泽东阐述了如何建立新文化。

首先，毛泽东引用了列宁《论工会、目前局势及托洛茨基同志的错误》及马克思《〈政治经济学批判〉序言》中的两句话：一定的文化（当作观念形态的文化）是一定社会的政治和经济的反映，又给予伟大影响和作用于一定社会的政治和经济；而经济是基础，政治则是经济的集中的表现；"不是人们的意识决定人们的存在，而是人们的社会存在决定人们的意识"。这两句话阐述了社会存在与社会意识①的关系，这是马克思主义哲学唯物历史观的基本问题。社会存在作为构成人类社会的一切存在，包括人、社会组织、社会活动、各种财产、知识等。社会意识是社会心理学哲学基础的重要概念。社会意识是社会存在在社会精神领域中的反映，是精神现象的总和，包括社会的人的一切意识要素和观念形态。它包括人们的政治、法律思想、哲学、艺术、宗教等意识形态和人们的风俗习惯、社会心理等等。社会的意识结构建立在社会的经济结构基础之上并受社会的政治结构制约。马克思主义哲学坚持社会存在决定社会意识，坚持社会历史中的决定性因素是生产力的发展，坚持人民群众创造历史。社会存在是第一性的，它决定社会意识，社会意识反映社会存

---

① 社会存在决定社会意识：社会存在指社会的物质生活过程，其核心是物质资料的生产方式。社会意识指社会的精神生活过程，广义指社会的人的一切意识要素和观念形态，包括社会心理和社会意识形式；狭义则专指关于社会关系的意识，即意识形态。社会存在是第一性的，它决定社会意识，社会意识反映社会存在并对社会存在起促进或阻碍的作用。社会存在与社会意识何者为第一性的问题，是划分历史唯物主义和历史唯心主义的根本界限。

在并对社会存在起促进或阻碍的作用。毛泽东认为要讨论中国文化问题，不能忘记这个基本观点，要建立新民主主义社会的新文化，就必须立足于这个理论基础之上，这充分体现了以毛泽东为代表的中国共产党人将马克思主义基本原理与中国具体实践结合了起来。

既然新民主主义社会的新文化离不开中华民族的新政治和新经济，那么要革除的那种中华民族旧文化中的反动成分，就离不开中华民族的旧政治和旧经济。同样要建立的这种中华民族的新文化，就不能离开中华民族的新政治和新经济。什么是中华民族的旧政治和旧经济？什么是中华民族的旧文化？什么是中华民族的新政治、新经济？什么是中华民族的新文化？毛泽东对于以儒家为中心的中国传统文化进行梳理，做到了心中有数，之后给出了自己的回答，且阐述了中国社会的性质，即当时的国情——殖民地、半殖民地、半封建的社会。中华民族的旧文化就是殖民地、半殖民地、半封建的文化。

的确，鸦片战争①以后，西方列强通过发动侵略战争、强迫中国签订一系列不平等条约，破坏了中国的领土主权、领海主权、关税

———

①　鸦片战争，即第一次鸦片战争。英国经常称第一次英中战争或"通商战争"，是中国近代史的开端。"闭关锁国"后的中国逐步落后于世界大潮，但是在外贸中，中国一直处于贸易顺差地位。为了扭转对华贸易逆差，英国开始向中国走私鸦片，获取暴利。1838 年（清道光十八年）冬，道光帝派湖广总督林则徐为钦差大臣，赴广东查禁鸦片。林则徐到任后，严行查缴鸦片 2 万余箱，并于虎门海口悉数销毁，打击了英国走私贩的嚣张气焰，同时影响到了英国的利益。为打开中国市场大门，英国政府以此为借口，决定派出远征军侵华，英国国会也通过对华战争的拨款案。1840 年 6 月，英军舰船 47 艘、陆军 4000 人在海军少将懿律、驻华商务监督义律率领下，陆续抵达广东珠江口外，封锁海口。鸦片战争开始。战争前期中国军民奋起抵抗，沉重打击英国侵略者，但是腐朽的封建制度抵抗不住英国的侵略，战争以中国失败并赔款割地告终。道光帝派直隶总督琦善与英国议和，签订了中国历史上第一个不平等条约《南京条约》。中国开始向外国割地、赔款、商定关税，严重危害中国主权。

主权、司法主权等，并一步一步地控制了中国的政治、经济、外交和军事。中国已经丧失了完全独立的地位，在相当程度上被殖民地化了。西方列强侵略中国的目的，是要把它变成自己的殖民地。主要由于中国长期以来一直是一个统一的大国，由于人民顽强、持久的反抗，同时也由于帝国主义列强间争夺中国的矛盾无法协调，使得它们中的任何一个国家无法单独征服中国，也不可能共同瓜分中国。这样，它们才没有能够如英国在印度那样，对中国实行直接统治，而是通过其代理人对中国实行间接统治。它们与中国的封建势力、买办势力相勾结，共同压迫、剥削中国人民，镇压中国革命。因此，近代中国尽管在实际上已经丧失了拥有完整主权的独立国的地位，但是仍然维持着独立国家和政府的名义与形式。由于它与连名义上的独立也没有、而由殖民主义宗主国直接统治的殖民地尚有区别，因此称作半殖民地。

外国资本主义列强用武力打开了中国的门户，把中国卷入了世界资本主义经济体系和世界市场之中。随着外国资本主义的入侵，洋纱、洋布等商品在中国大量倾销，逐渐使中国的农业与手工业分离，从而破坏了中国自然经济的基础，促进了中国城乡商品经济的发展，给中国资本主义的产生造成了某些客观条件。破产的农民、手工业者流入城市，成了产业工人的后备军。一批中国官僚、买办、地主、商人开始投资兴办新式工业。中国开始出现了资本主义生产关系。中国已经不是完全的封建社会了。然而，西方列强并不愿意中国成为独立的资本主义国家。它们利用获取的政治、经济特权，在中国倾销商品，经营轻工业和重工业，对中国的民族工业进行直接的经济压迫。中国的民族资本主义经济虽然有了某些发展，但是并没有也不可能成为中国社会经济的主要形式。而在中国的资本主义经济中，外国资本及依附于它的官僚资本居于主导地位。在中国农村中，地主剥削农民的封建生产关系，在社会经济生活中依然占着显然的优势。这样，中国的经济既不再是完全的封建经济，也不是完全的资本主义经济，而成为半殖民地半封建的经济了。半殖民地半封建中国的社会性质，体现在近代中国政治、经济、文化和社会的各个领域，两者是密切结合、互相联系的统一整体。

帝国主义侵略势力不但逐步操纵了中国的财政和经济命脉，而且逐步控制了中国的政治，日益成为支配中国的决定性力量。中国的封建势力日益衰败并同外国侵略势力相勾结，成为帝国主义压迫奴役中国的社会基础和统治支柱。中国自然经济的基础虽然遭到破坏，但是封建剥削制度的根基即封建地主的土地所有制依然在广大地区内保持着，成为中国走向现代化和民主化的严重障碍。中国新兴的民族资本主义经济虽然已经产生，并在政治、文化生活中起了颇大的作用，但是在帝国主义和封建主义的压迫下，它的发展很缓慢，力量很软弱，而且它的大部分与外国资本主义和本国封建主义都有或多或少的联系。由于近代中国处于帝国主义列强的争夺和间接统治之下，加上中国地域广大，以及在地方性的农业经济的基础上形成的地方割据势力的存在，近代中国各地区经济、政治和文化的发展是极不平衡的。后来，列强还分别支持不同的政治势力以分裂中国，使中国处于不统一状态。在帝国主义和封建主义的双重压迫下（后来还加上官僚资本主义，形成"三座大山"），中国的广大人民尤其是农民日益贫困化以至大批地破产，过着饥寒交迫和毫无政治权利的生活。

认识中国近代社会的性质，就是认识近代中国的基本国情，也是认识中国近代一切社会问题和革命问题的最基本的依据。我们要革除的就是这种殖民地、半殖民地、半封建的旧政治、旧经济和那为这种旧政治、旧经济服务的旧文化。而我们要建立起来的，则是与此相反的东西，乃是中华民族的新政治、新经济和新文化。可是怎么革除？就是要革命。毛泽东从中国革命的历史进程分析，中国革命的第一步是民主主义的革命，其第二步是社会主义的革命，这是性质不同的两个革命过程。而所谓民主主义，现在已不是旧范畴的民主主义，已不是旧民主主义，而是新范畴的民主主义，而是新民主主义。由此可以断言，所谓中华民族的新政治，就是新民主主义的政治；所谓中华民族的新经济，就是新民主主义的经济；所谓中华民族的新文化，就是新民主主义的文化。这就是当时中国革命的历史特点，如果人们不懂这个历史特点，就不能指导这个革命和进行这个革命，直至革命最终胜利。

（四） 中国革命

这是全文的第四部分，毛泽东将中国革命的历史特点是分为民主主义和社会主义两个步骤，其第一步现在已不是一般的民主主义，而是中国式的、特殊的、新式的民主主义，然后通过对中国和世界的历史发展分析，得出了这是"新民主主义"，这是不同于民主主义的结论。

众所周知，旧民主主义革命是指 1840 年起至 1919 年这段时期，大致可分为：1840 – 1901：以太平天国和义和团运动为代表的农民革命；1901 – 1919：资产阶级民主革命。其中后一个阶段还可以称为由资产阶级领导的旧民主主义革命时期（1901－1919）。这期间先后出现了六次较大的运动，代表着历史的发展方向。勾画出这一历史时期的主要脉络，形成这一时期的主旋律。

因为中国封建社会的衰败和西方列强的入侵，使它不可能按部就班地步入资本主义社会，而是沦为了半殖民地半封建社会。在这个特殊的社会形态中，农民是最大的受害者，这是一个逆来顺受的阶级，却起义反抗了。旧民主主义革命的历史经验证明农民阶级不能代表先进的生产方式，而是落后的小生产者，因此单纯的农民战争是不可能完成反帝反封建的革命任务。但是，在中国，农民阶级又是一个庞大的队伍，所以，虽然农民阶级不能作为领导阶级登上历史的舞台，却必然以主力军的身份参与革命，这在旧民主主义革命失败后发起的新民主主义革命中，有了成功的验证。由于诞生于半殖民地半封建的社会环境中，因而具有两面性。一方面，民族资产阶级同外国资本主义、封建势力存在矛盾，一开始就受到外国资本主义和本国封建势力的压迫和束缚，这就决定了它具有革命性的一面。另一方面，民族资产阶级由于资金少、规模小、技术力量薄弱，这些决定了它同外国资本主义、本国封建势力有着千丝万缕的联系，存在着一定的依赖关系，又有软弱性、妥协性的一面。这些局限性决定了民族资产阶级提不出彻底的反帝反封建的民主革命纲领，不能发动和依靠广大人民群众进行革命，它所领导的一系列运动都失败了。所以，孙中山先生在临终前十七天，知道自己病已不治，预立了三份遗嘱，这三份遗嘱是《遗嘱》《家事遗嘱》《致苏联遗书》。孙中山在遗嘱中写道："余致力国民革命凡四十年，其目的在求中国之自由平等。积四十年之经验深知欲达到此目的，必须唤起民众及联合世界上以平等待我之民族，共同奋斗。革命尚未成功，凡我同志，务须依照余所著《建国方略》《建国大纲》《三民主义》及《第一次全国代表大会宣言》，继续努力，以求贯彻。主张开国民会议及废除不平等条约，尤须于最短期间促其实现。是所至嘱！"遗嘱里所说的"革命尚未成功，同志仍须努力"，就是指的这种资产阶级民主主义的革命。

毛泽东在解释其新民主主义的"新"时，有一大段的铺垫。他说："在世界资本主义战线已在地球的一角（这一角占全世界六分之一的土地）崩溃，而在其余的角上又已经充分显露其腐朽性的时代，在这些尚存的资本主义部分非更加依赖殖民地半殖民地便不能过活的时代，在社会主义国家已经建立并宣布它愿意为了扶助一切殖民地半殖民地的解放运动而斗争的时代，在各个资本主义国家的无产阶级一天一天从社会帝国主义的社会民主党的影响下面解放出来并宣布他们赞助殖民地半殖民地解放运动的时代，在这种时代，任何殖民地半殖民地国家，如果发生了反对帝国主义，即反对国际资产阶级、反对国际资本主义的革命，它就不再是属于旧的世界资产阶级民主主义革命的范畴，而属于新的范畴了；它就不再是旧的资产阶级和资本主义的世界革命的一部分，而是新的世界革命的一部分，即无产阶级社会主义世界革命的一部分了。这种革命的殖民地半殖民地，已经不能当作世界资本主义反革命战线的同盟军，而改变为世界社会主义革命战线的同盟军了。"

这一理论是来自于斯大林，而斯大林阐发的这一理论是马克思恩格斯和列宁的基本理论。

马克思恩格斯曾在《共产党宣言》中阐述：共产党人的最近目

的是推翻资产阶级的统治，由无产阶级夺取政权，建立社会主义社会。然而马恩的科学社会主义理论创立之后，欧洲发达资本主义国家没有出现无产阶级革命的形势，"造反"的地火却在那些经济状况落后，社会矛盾尖锐的地方产生了。

俄国革命家列宁把马克思的理论做了一番发挥，他提出，资本主义已经发展到帝国主义阶段，整个世界连为了一体，因此无论哪里爆发革命，都可以成为无产阶级革命的一部分，都是对帝国主义这个世界链条的打击，而链条往往容易在最薄弱的环节被打断。列宁所谓社会主义"一国首先胜利"的理论被俄国十月革命的成功所证明，而他为资本主义后进国家无产阶级革命制定的一整套斗争策略，则集中体现在他在 1905 年 6—7 月在日内瓦所写的关于无产阶级政党在民主革命中的策略问题的一部科学社会主义著作——《社会民主党在民主革命中的两种策略》（简称《两种策略》）一书中。在这本书中，列宁完整地提出了无产阶级在民主革命中的领导权的学说，指出无产阶级要关心资产阶级革命，夺取民主革命的领导权。因为资产阶级革命对无产阶级是极其有利的，在这场革命中，"无产阶级失去的只是一副锁链，而他借助于民主制度取得的将是整个世界"。毛泽东新民主主义革命理论是马克思列宁主义国家与革命学说、"两个策略"思想以及民族和殖民地问题理论与中国革命实际相结合的产物。马克思列宁主义的国家与革命学说认为国家是阶级矛盾不可调和的产物，其实质是剥削阶级镇压被剥削阶级的机器，是上层建筑的重要组成部分。

如果说马克思列宁主义国家与革命学说主要是从宏观上总体阐释了各国无产阶级革命的一些普遍的基本的问题，那么"两个策略"

思想以及民族和殖民地问题理论，对于中国革命则更具有直接的指导意义。"两个策略"思想主要是针对孟什维克的右倾机会主义策略阐明了布尔什维克在1905年俄国革命中的理论和策略。列宁强调指出：无产阶级应该而且能够掌握民主革命的领导权；农民是无产阶级的可靠的同盟者，无产阶级只有同农民结成联盟，才能夺取民主革命的胜利；民主革命胜利后，必须建立无产阶级和农民的革命民主专政；民主革命和社会主义革命是既有联系又有区别的两个革命阶段，无产阶级在取得民主革命胜利后，应不失时机地向社会主义革命过渡。

毛泽东最早读到这本书是在30年代初。据彭德怀回忆，1936年，"接到毛主席寄给我的一本《两个策略》，上面用铅笔写着（大意）：此书要在大革命时候读着，就不会犯错误"（《彭德怀自述》，第183页）。在后来各个革命时期，毛泽东又多次读过这本书，并用以指导中国革命的实践。毛泽东曾指出，我们共产党人根据自己对于马克思主义的社会发展规律的认识，明确地知道，在中国的条件下，在新民主主义的国家制度下，除了国家自己的经济、劳动人民的个体经济和合作社经济之外，一定要让私人资本主义经济在不能操纵国民生计的范围内获得发展的便利，才能有益于社会的向前发展。并指出，我们这样肯定要广泛发展资本主义，是只有好处，没有坏处的。

对于发展资本主义的问题，中国共产党党内在相当长的时期里存在着模糊认识，有些人害怕发展资本主义，主张跳过资本主义，直接进入社会主义。这种情绪在抗日战争胜利前夕，即将面临建设一个新国家的任务时，更加明显。毛泽东认为，这是一种民粹派的思想。这种思想在农民出身的党员占多数的党内是长期存在的。他说：所谓民粹主义，就是直接由封建经济发展到社会主义经济，中间不经过资本主义的道路。俄国的民粹派就是这样。当时列宁、斯大林是给了他们以批评的。最后，他们变成了社会革命党。他们革命得要命，要更快地搞社会主义，不经过资本主义。结果呢！他们变成了反革命。布尔什维克就不是这样：他们肯定俄国要发展资本主义。这对无产阶级是有利的。毛泽东也由此得出结论：我们不要怕发展资本主义。

当时，民族资产阶级的代言人虽然主张发展资本主义，但他们却不敢正面地提出发展资本主义的主张，而是转弯抹角地来说这个问题。另外有些人则甚至一口否认中国应该让资本主义有一个必要的发展，而说什么一下就可以达到社会主义社会，声称要将三民主义和社会主义"毕其功于一役"。毛泽东说，有些人不了解共产党人为什么不但不怕资本主义，反而在一定的条件下提倡它的发展。我们的回答是这样简单：拿资本主义的某种发展去代替外国帝国主义和本国封建主义的压迫，不但是一个进步，而且是一个不可避免的过程。它不但有利于资产阶级，同时也有利于无产阶级，或者说更有利于无产阶级。

斯大林在 1918 年为纪念十月革命一周年写了一篇论文，题目为《十月革命和民族问题》①。斯大林在这篇文章中指出，十月革命"在落后的东方各族人民和先进的西方各族人民之间建立了联系，把他们拉进反对帝国主义的共同阵营"。从这篇文章之后，斯大林曾多

---

① 《十月革命和民族问题》是斯大林在 1918 年为纪念十月革命一周年而写的一篇论文。载于 1918 年 11 月 6 日和 19 日《真理报》第 241 号和第 250 号。

次发挥了关于论述殖民地半殖民地的革命脱离了旧范畴，改变成了无产阶级社会主义革命一部分的理论。毛泽东在《新民主主义论》中还提到说：对这一问题"解释得最清楚明确的，是斯大林在1925年6月30日发表的同当时南斯拉夫的民族主义者争论的文章"，这篇文章"题目叫做《再论民族问题》"。斯大林在《再论民族问题》一文中进一步明确提出，在帝国主义世界大战和俄国十月革命以后，民族问题从资产阶级民主革命的一部分"变成了世界无产阶级社会主义革命的一部分"。

因此毛泽东在《新民主主义论》中也指出："有两种世界革命，第一种是属于资产阶级和资本主义范畴的世界革命。这种世界革命的时期早已过去了，还在1914年第一次帝国主义世界大战爆发之时，尤其是在1917年俄国十月革命之时，就告终结了。从此以后，开始了第二种世界革命，即无产阶级的社会主义的世界革命。这种革命，以资本主义国家的无产阶级为主力军，以殖民地半殖民地的被压迫民族为同盟军。不管被压迫民族中间参加革命的阶级、党派或个人，是何种的阶级、党派或个人，又不管他们意识着这一点与否，他们主观上了解了这一点与否，只要他们反对帝国主义，他们的革命，就成了无产阶级社会主义世界革命的一部分。"他还指出，"中国革命到了今天，它的意义更加增大了"，并断言："中国革命是世界革命的伟大的一部分。"

毛泽东又说："这一正确的命题，还是在1924年至1927年的中国第一次大革命时期，就提出了的。"的确如此，毛泽东从1925年12月1日《中国社会各阶级的分析》一文起，就已经将中国新民主主义革命作了基本的规定，认为中国革命是既不同于旧民主主义革命，又不同于社会主义革命的新民主主义革命。《中国社会各阶级的分析》一文阐述的一个中心思想就是，中国革命是无产阶级领导的、人民大众的、反帝反封建的革命。毛泽东在这篇文章中说："现在世界上的局面，是革命和反革命两大势力作最后斗争的局面，这两大势力树起了两面大旗，一面是红色的革命大旗，第三国际高举着，号召全世界一切被压迫阶级集合于其旗帜之下；一面是白色的反革命的大旗，国际联盟高举着，号召全世界一切反革命分子集合于其旗帜之下。那些中间阶级，必定很快地分化，没有他们'独立'的余地。所以，中国的中产阶级，以其本阶级作为主体的'独立'革命思想，仅仅是一个幻想。"《湖南农民运动考察报告》则规定了中国革命是发动广泛的农民、实行工农联盟的革命。但正如毛泽东在《新民主主义论》一文中所说的，"不过那时这一理论的意义还没有发挥，以致人们不只是模糊地认识这个问题"。直到1940年1月，毛泽东才根据斯大林的理论，在《新民主主义论》中集中阐述了这个问题。其基本观点包括：中国革命分为民主主义革命和社会主义革命两步，这是性质不同的两个革命过程；中国的民主革命，以"五四"运动为标志，分为旧民主主义革命和新民主主义革命两个阶段。前者是资产阶级领导的，以建立资本主义社会和资产阶级专政的国家为目的，后者是无产阶级领导的，以建立新民主主义社会和各革命阶级联合专政的国家为目的；世界革命有两种：以第一次世界大战和苏联十月革命为标志，在此以前是旧的资产阶级世界革命，在此以后是新的无产阶级社会主义世界革命；在革命的阵线上，中国的旧民主主义革命是旧的资产阶级世界革命的一部分，中国的新民主主义革命则是无产阶级社会主义世界革命的一部分。

毛泽东新民主主义革命理论是马克思列宁主义国家与革命学说、"两个策略"思想以及民族和殖民地问题理论与中国革命实际相结合的产物。

毛泽东依据这些理论，系统地阐述了新民主主义的理论和纲领，将中国革命的历史特点概括了两点：第一，中国革命是无产阶级的社会主义的世界革命的一部分，而且是伟大的一部分。第二，中国革命的历史进程必须分两步走。关于后一个问题，过去中国共产党内存在过许多混乱的思想，主要是：有些人常把民主革命同社会主义革命的任务相混淆，急于在民主革命阶段采取一些社会主义革命的措施；托陈取消派又认为中国现阶段既然处在资产阶级民主革命阶段，就应该由资产阶级来领导，无产阶级只能在将来再去领导社会主义革命；共产国际虽曾提出中国革命的"非资本主义前途"，但究竟它的具体含义是什么仍没有说清楚。直到这时，毛泽东从理论上很好地解决了这个问题。毛泽东指出，中国半殖民地半封建社会的性质决定了中国革命的历史进程，无产阶级领导的中国革命第一步是进行新民主主义的革命，第二步才是进行社会主义的革命，只有完成前一个革命，才有可能去完成后一个革命，想要"毕其功于一役"是不行的。这是性质不同的两个革命过程，这两个阶段又必须相互衔接，"不容横插一个资产阶级专政的阶段"。"两步走"思想揭示了中国革命的特殊规律，指明了中国特色革命道路，即由新民主主义到社会主义的道路。

（五） 新民主主义政治

这是全文的第五部分。

在《新民主主义论》中，毛泽东说：我们要建立的"这个新社会和新国家中，不但有新政治、新经济，而且有新文化"。文章为这个新国家描绘出一幅完整的宏伟蓝图。

文中毛泽东层层剥茧。他这样写道："中国革命分为两个历史阶段，而其第一阶段是新民主主义的革命，这是中国革命的新的历史特点。这个新的特点具体地表现在中国内部的政治关系和经济关系上又是怎样的呢？下面我们就来说明这种情形。"五四运动以前中国资产阶级民主革命的政治指导者是中国的小资产阶级和资产阶级（他们的知识分子），中国无产阶级还没有当作一个觉悟了的独立的阶级力量登上政治的舞台，还是当作小资产阶级和资产阶级的追随者参加了革命。五四运动以后，虽然中国民族资产阶级继续参加了革命，但是中国资产阶级民主革命的政治指导者，已经不是属于中国资产阶级，而是属于中国无产阶级了。这时，中国无产阶级，由于自己的长成和俄国革命的影响，已经迅速地变成了一个觉悟了的独立的政治力量了。

由于中国民族资产阶级是殖民地半殖民地国家的资产阶级，是受帝国主义压迫的，所以，他们也还是在一定时期中和一定程度上，保存着反对外国帝国主义和反对本国官僚军阀政府的革命性，可以同无产阶级、小资产阶级联合起来，反对它们所愿意反对的敌人。但是，就是由于他们是殖民地半殖民地的资产阶级，他们在经济上和政治上是异常软弱的，他们又保存了另一种性质，即对于革命敌人的妥协性。他们不愿和不能彻底推翻帝国主义，更加不愿和更加不能彻底推翻封建势力。这样，中国资产阶级民主革命的两个基本问题，两大基本任务，中国民族资产阶级都不能解决。至于中国的大资产阶级，以国民党为代表，在 1927 年至 1937 年这一个长的时期内，一直是投入帝国主义的怀抱，并和封建势力结成同盟，反对革命人民的。中国的民族资产阶级也曾在 1927 年及其以后的一个时期内一度附和过反革命。在抗日战争中，大资产阶级的一部分，以汪精卫为代表，又已投降敌人，表示了大资产阶级的新的叛变。这就是中国资产阶级"一身而二任焉"的两面性：一方面——参加革命的可能性，又一方面——对革命敌人的妥协性。这是中国资产阶级突出的特点。

毛泽东在这一节中具体分析了资产阶级的具有参加革命的可能性和对革命敌人的妥协性，这种两面性决定了资产阶级不可能领导中国革命取得胜利，更不可能掌握国家政权。

因而，这个责任就不得不落在无产阶级的肩上了。即在无产阶级领导下进行一切反帝反封建的活动，从而建立起联合专政的民主共和国，这就是新民主主义的共和国，也就是真正革命的三大政策的新三民主义共和国。它是在殖民地半殖民地国家的革命所采取的过渡的国家形式。它是符合中国国情的。

接下来毛泽东放眼世界，认为近代以来全世界多种多样的国家体制中，按其政权的阶级性质划分，基本上不外乎三种：资产阶级专政的共和国；无产阶级专政的共和国；几个革命阶级联合专政的共和国。第一种属于旧民主主义国家，是旧式的、欧美式的共和国。在中国，五四运动之前的旧民主主义革命，民族资产阶级试图建立的就是这样的共和国，但在实践中被证明完全破产了。第二种属于无产阶级专政的国家，是苏联式的社会主义共和国。当时的中国，处于殖民地、半殖民地、半封建的状态，生产力落后，绝大部分人口直接从事农业生产，依靠农业为生，现代工业在整个国民经济中所占的比例很小，加上战争的破坏，社会生产力低下，经济发展缓慢而且极不稳定，还不具备建立苏联式无产阶级专政社会主义国家的物质基础。第三种是几个革命阶级联合专政的共和国。在今天的中国，这种新民主主义的国家形式，就是抗日统一战线的形式。它是抗日的，反对帝国主义的；又是几个革命阶级联合的，统一战线的。

关于新民主主义的政治，毛泽东指出：中国无产阶级、农民、知识分子和其他小资产阶级乃是决定国家命运的基本势力，他们必然要成为中华民主共和国的国家构成和政权构成的基本部分，而无产阶级则是领导的力量。现在所要建立的中华民主共和国，不是资产阶级专政的共和国，也不是无产阶级专政的共和国，只能是在无产阶级领导下的一切反帝反封建的人们联合专政的民主共和国，就是新民主主义共和国。这是国体问题，就是社会各阶级在国家中的地位。还有一个政体问题，即政权构成的形式问题，指的一定的社会阶级取何种形式去组织那反对敌人保护自己的政权机关。没有适当形式的政权机关，就不能代表国家。中国现在可以采取全国人民代表大会、省人民代表大会、县人民代表大会、区人民代表大会直到乡人民代表大会的系统，并由各级代表大会选举政府。但必须实行无男女、信仰、财产、教育等差别的真正普遍平等的选举制，才能适合于各革命阶级在国家中的地位，适合于表现民意和指挥革命斗争，适合于新民主主义的精神。这种制度即是民主集中制。只有民主集中制的政府，才能充分地发挥一切革命人民的意志，也才能最有力量地去反对革命的敌人。"非少数人所得而私"的精神，必须表现在政府和军队的组成中，如果没有真正的民主制度，就不能达到这个目的，就叫做政体和国体不相适应。总之，我们可以更加准确的概括出："国体——各革命阶级联合专政。政体——民主集中制。这就是新民主主义的政治"。这就是新民主主义的共和国，这就是抗日统一战线的共和国，这就是三大政策的新三民主义的共和国，这就是名副其实的中华民国。我们现在虽有中华民国之名，尚无中华民国之实，循名责实，这就是今天的工作。这就是革命的中国、抗日的中国所应该建立和决不可不建立的内部政治关系，这就是今天"建国"工作的唯一正确的方向。

（六） 新民主主义经济

这是全文的第六部分。

关于新民主主义的经济，毛泽东提出：在中国建立这样的共和国，它在政治上必须是新民主主义的，在经济上也必须是新民主主义的。

大银行、大工业、大商业，归这个共和国的国家所有。"凡本国人及外国人之企业，或有独占的性质，或规模过大为私人之力所不能办者，如银行、铁道、航路之属，由国家经营管理之，使私有资本制度不能操纵国民之生计，此则节制资本之要旨也。"这也是国共合作的国民党的第一次全国代表大会宣言中的庄严的声明，这就是新民主主义共和国的经济构成的正确的方针。在无产阶级领导下的新民主主义共和国的国营经济是社会主义的性质，是整个国民经济的领导力量，但这个共和国并不没收其他资本主义的私有财产，并不禁止"不能操纵国民生计"的资本主义生产的发展，这是因为中国经济还十分落后的缘故。

这个共和国将采取某种必要的方法，没收地主的土地，分配给无地和少地的农民，实行中山先生"耕者有其田"的口号，扫除农村中的封建关系，把土地变为农民的私产。农村的富农经济，也是容许其存在的。这就是"平均地权"的方针。这个方针的正确的口号，就是"耕者有其田"。在这个阶段上，一般地还不是建立社会主义的农业，但在"耕者有其田"的基础上所发展起来的各种合作经济，也具有社会主义的因素。

众所周知，毛泽东对孙中山先生十分钦佩，对他的学说也有深入的研究。除了在本文中论及经济时提出"这个共和国将采取某种必要的方法，没收地主的土地，分配给无地和少地的农民，实行中山先生'耕者有其田'的口号……"以外，1956 年 11 月 12 日孙中山诞辰 90 周年之际，毛泽东专门写了《纪念孙中山先生》一文。文中，毛泽东高度地评价了孙中山先生的一生。他说：孙中山是"中国革命民主派的旗帜"，强调纪念他在辛亥革命时期，领导人民推翻帝制建立共和国的丰功伟绩。纪念他在第一次国共合作时期，把旧三民主义发展为新三民主义的丰功伟绩。他在政治方面给我们留下许多有益的东西。在《新民主主义论》中就提到了在新三民主义阶段，孙中山规定新民主主义的主要原则之一——节制资本。节制资本的要旨就是，凡本国人及外国人之企业，或有独占的性质，或规模过大为私人之力所不能办者，由国家经营管理之，以使私有资本制度不能操纵国民生计。这一主张具有反对帝国主义、发展国民经济的意义，反映了中国社会不能再走西方资本主义老路的客观历史要求。另外，在这篇《新民主主义论》中毛泽东还提到了早在 1905

年同盟会宣言发布以前，孙中山先生便提出的"平均地权"的口号。"平均地权"成了国民党的正式纲领。中山先生在自己革命的不断实践中，加以充实、发展，写进他所著《三民主义》中，成为他的民生主义的两大理论——《平均地权》，《节制资本》。孙中山所主张的解决中国土地问题的方针，民生主义的纲领之一。主张用征收地价税和土地增价归公的办法，消除地主从地租及地价增涨中获得暴利的可能性。所拟办法是：私有土地由地主估价呈报，国家按价征税，以后涨高的地价归公，同时保留由国家照呈报地价收买的权利，以防地主少报地价。1924 年改组中国国民党，重新解释三民主义，进一步提出"农民之缺乏田地沦为佃户者，国家当给以土地"，希望实现"耕者有其田"。

可以说，毛泽东对"三民主义""新三民主义"有深入的理解和研究，也在此基础之上有深入地思考。孙中山在 1924 年 1 月 20—30 日中国国民党第一次全国代表大会会议报告中，阐明大会主旨是改组国民党成为有力量的政党，以此去改造国家，号召大家团结起来，为党为国，争取革命成功。他总结了国民党的历史经验，提出改组的组织原则是淘汰不纯分子，吸取革命分子。大会通过的宣言对三民主义作了新的阐释，这是孙中山生前对其"三民主义"思想作出的最后一个版本的修正，是孙中山晚年联俄联共、扶助和依靠农工的思想的体现，我们也把它称之为新三民主义。新三民主义中的民族主义，提出具体反帝斗争要求，认清了国内反动势力和帝国主义的本质及关系，以及对中国革命的危害。提出反对民族压迫，反对满洲贵族的统治，突出了反对帝国主义的内容，强调对外争取中华民族的完全独立，同时主张国内各民族一律平等；新三民主义中的民权主义，强调国家政权为"一般平民所共有"，即强调它的人民性、群众性。"凡真正反对帝国主义之个人及团体均得享有一切自由及权利"。这样将资产阶级民权政治与反帝民族主义斗争相结合，是一种巨大的进步和飞跃。具体说来包括推翻君主专制政体，建立国民政府，国民一律平等，民权为一般平民所共有；新三民主义中的民生主义，"中国国民党之民生主义，其最重要之原则不外二者：一曰平均地权，二曰节制资本"。更新解释了"平均地权"，提出了新的方针。"农民之缺乏土地沦为佃户者，国家当给以土地，资其耕作"，即"耕者有其田"，明确反对封建剥削。"节制资本"，"凡本国人及外国人之企业或有独占的实质，或规模过大，为私人之力所不能办者，如银行、铁路、航路之属，由国家经营管理之，使私有资本制度不能操纵国民之生计"，"工人之失业者，国家当为之谋救济之道，尤当为之制定劳工法，以改良工人生活"。民生主义和扶助农工政策紧密地结合起来，在"平均地权"基础上增加了"节制资本"的原则，并提出了改善工农生活状况。尽管新三民主义斗争的彻底性、革命最终目标、指导思想与共产党民主革命纲领还有着本质区别，但它与民主革命纲领的各种原则基本一致，成为国共合作的政治基础和革命统一战线的共同纲领。

"经济决定上层建筑"，对于一个国家政权来说，经济是至关重要的。没有了经济作支撑，社会就很难有所发展，经济影响着社会的稳定。毛泽东在文中指出："决不能建立欧美式的资本主义社会，也决不能还是旧的半封建社会。谁要是敢于违反这个方向，他就一定达不到目的，他就自己要碰破头的。"因此，革命的最终目的就是要让中国所有的老百姓有饭吃，如果连这个目的就达不到，那么，国家政权就是失败的，革命也就是失败的。所以，新民主主义的经济应该是：在农村，没收地主的土地，分配给无地和少地的农民，实行"耕者有其田"，容许富农经济的存在。在"耕者有其田"的基础上所发展起来的各种合作经济，也具有社会主义的因素。凝练总结经济纲领：第一，没收帝国主义和官僚资本主义的大银行、大工业、大商业，归国家所有；第二，没收地主土地，分配给无地和少地的农民，在土改的基础上发展合作经济；第三，保护民族工商业。新民主主义的经济由国营经济、私营经济和合作经济三部分组成，其中国营经济是社会主义的性质，是国民经济的领导力量，各种合作经济也具有社会主义因素。中国的经济一定要走"节制资本"和"平均地权"的道路，决不能是"少数人所得而私"，决不能让少数资本家和地主"操纵国计民生"。

这就是革命的中国、抗日的中国应该建立和必然要建立的内部经济关系。这样的经济，就是新民主主义的经济。而新民主主义的政治，就是这种新民主主义经济的集中的表现。

（七） 未来道路

这是全文的第七部分，毛泽东以"未来道路"为题，层层深入剖析了资产阶级专政的道路在中国为什么走不通。

首先是国际资本主义即帝国主义不允许；其次是世界社会主义不允许；还有就是中国的资产阶级没有力量，中国共产党和中国人民不允许。

走建立资产阶级专政的资本主义社会之路，这是欧美资产阶级走过的老路，但国际国内的环境，都不容许中国这样做。现在的国际环境，从基本上说来，是资本主义和社会主义斗争的环境，是资本主义向下没落，社会主义向上生长的环境。要在中国建立资产阶级专政的资本主义社会，首先是国际资本主义即帝国主义不容许。帝国主义侵略中国，反对中国独立，反对中国发展资本主义的历史，就是中国的近代史。历来中国革命的失败，都是被帝国主义绞杀的，无数革命的先烈，为此而抱终天之恨。现在是一个强大的日本帝国主义打了进来，它是要把中国变成殖民地的；现在是日本在中国发展它的资本主义，却不是什么中国发展资本主义；现在是日本资产阶级在中国专政，却不是什么中国资产阶级专政。不错，现在是帝国主义最后挣扎的时期，它快要死了，"帝国主义是垂死的资本主义"。

"帝国主义是垂死的资本主义"① 这是列宁在他的《帝国主义是资本主义的最高阶段》一书提出的。书中列宁分别阐述了帝国主义的五个基本特征，并且为帝国主义做了定义，阐述了帝国主义的寄生性和腐朽性，批判在帝国主义问题上一些人的错误观点。在《帝国主义的历史地位》中，列宁论述帝国主义的垂死性。在《法文版和德文版序言》中，列宁指出：在生产资料私有制还存在的这种经济基础上，帝国主义战争是绝对不可避免的；和平主义和一般"民主主义"在世界上还十分流行，也在掩盖帝国主义矛盾的深刻性和帝国主义产生革命危机的必然性。所以，无产阶级政党必须同这些思潮作斗争，把受资产阶级愚弄的小业主和程度不同地处在小资产

---

① "帝国主义是垂死的资本主义"出自列宁的《帝国主义是资本主义的最高阶段》一书。此书写于1916年上半年，出版于1917年4月。这本书是无产阶级革命理论的重要文献。这本书包括两个序言（即《序言》《法文版和德文版序言》）和十章正文。

阶级生活条件下的千百万劳动者，从资产阶级那里争夺过来。全球化寡头垄断的出现，不可能消除资本主义竞争，因为竞争和垄断永远是相伴随的，竞争就是你死我活的斗争，就是不断地攫取垄断地位；没有一定的垄断地位，资本家也绝不可能去参与竞争。列宁揭露了"那些对资本帝国主义作市侩式的反动批评的人"，想要恢复"自由的""和平的""诚实的"竞争。这种"竞争"，实际上并不存在，它只是垄断资产阶级用来欺骗群众的一种虚幻的海市蜃楼。

正因为帝国主义快要死了，所以它就更加依赖殖民地半殖民地过活，决不容许任何殖民地半殖民地建立什么资产阶级专政的资本主义社会。正因为日本帝国主义陷在严重的经济危机和政治危机的深坑之中，就是说，它快要死了，它就一定要打中国，一定要把中国变为殖民地，它就断绝了中国建立资产阶级专政和发展民族资本主义的路。

其次，是社会主义不容许。这个世界上，所有帝国主义都是我们的敌人，中国要独立，决不能离开社会主义国家和国际无产阶级的援助。这就是说，不能离开苏联的援助，不能离开日本和英、美、法、德、意各国无产阶级在其本国进行反资本主义斗争的援助。虽然不能说，中国革命的胜利一定要在日本和英、美、法、德、意各国或其中一二国的革命胜利之后，但须加上它们的力量才能胜利，这是没有疑义的。尤其是苏联的援助，是抗战最后胜利决不可少的条件。拒绝苏联的援助，革命就要失败，1927年以后反苏运动的教训就是例子。现在的世界，是处在革命和战争的新时代，是资本主义决然死灭和社会主义决然兴盛的时代。在这种情形下，要在中国反帝反封建胜利之后，再建立资产阶级专政的资本主义社会，这是不可能的。

再次，中国共产党和中国人民不允许。中国资产阶级，以大资产阶级为首，在1927年的革命刚刚由于无产阶级、农民和其他小资产阶级的力量而得到胜利之际，他们就一脚踢开了这些人民大众，独占革命的果实，而和帝国主义及封建势力结成了反革命联盟，并且费了九牛二虎之力，举行了十年的"剿共"战争。过去的"剿共十年"并没有"剿"出什么资产阶级专政的资本主义社会，却"剿"出了一个"一党专政"，"剿"出了一个"满洲国①"，把一个日本帝国主义"剿"进中国本部来了，"剿"出了半殖民地半封建的专政。抗日离不了工人、农民和其他小资产阶级，但是中国资产阶级顽固派，二十年来，依然高叫什么"限共""溶共""反共"，制定一个《限制异党活动办法》②之后，再来一个《异党问题处理办法》③，再来一个《处理异党问题实施方案》。这样下去，民族命运会遭殃，中国资产阶级顽固派也将得到一个自寻死路的前途。

众所周知，自1927年开始，蒋介石政权为了配合推行政治、经

————————

①　满洲国（后称满洲帝国）是1931年"九一八事变"后，在中国东北建立的存在于二战期间的傀儡政权。建国初期为共和体制，不久后日本侵略者扶持前清皇帝爱新觉罗·溥仪为元首，初期称号为"执政"，年号"大同"，后称皇帝，年号"康德"。领土范围包括东北全境（除伪关东州，即大连）以及内蒙古东部与河北省承德市（原热河省）。日本侵略者实行"日满一体"的经济政策，使此地区的经济沦为日本经济的附庸以及掠夺的对象，使东北人民的生活陷于极端贫困与痛苦。

②　1937年1月，国民党的五届五中全会确立了溶共、防共、限共、反共的四项方针，并设置了专门的防共委员会，由蒋介石亲自提案的《限制异党活动办法》也在这次会议上获得通过。1939年10月，毛泽东在"必须制裁反动派"一文中，指责国民党《限制异党活动办法》的内容全部是反动的。

③　为贯彻执行"溶共、防共、限共、反共"的方针，1939年12月10日，国民党中央战地党政委员会向各地战地党政分会及当地党部颁发的一项反共秘密法令。该办法明确宣布，异党（主要指共产党）为唯一劲敌，必须与之作积极斗争。

济、军事政策，既提出文化建设的口号，推行"新生活运动"，同时对革命文化思想进行"围剿"。国民党政权的文化"围剿"，表现在一方面实行恐怖政策，残暴镇压、迫害共产党人及左翼文化工作者；另一方面指使御用文人对革命文化直接或间接地发起进攻。国民党政府最注重的是用三民主义来统一国民的思想。1931 年，国民党中央训练部拟订的《三民主义民众教育具备的目标》提出："民众教育的宗旨对于长年失学者施以最低限度的国民教育，使能完成三民主义。"依照三民主义，把教育目标范围固定为"民族主义教育目标""民权主义教育目标""民生主义教育目标"。该文件还说：深信中华民族应当自求解放，有中国固有的道德，修身治国平天下。

抗战爆发后，1938 年 3 月国民党召开临时全国代表大会商讨抗战大计。会议通过了陈果夫等所提的关于确定文化建设原则纲领的提案，认定"我国文化工作之总目标，为三民主义文化之建设，而现阶段之中心设施，则尤应以民族国家为本位。"1938 年 10 月，抗日战争进入相持阶段，国民党对共产党领导的抗日根据地和游击战争在敌后迅速发展感到担心，因而想加以限制。1939 年 1 月，国民党五届五中全会召开，会议宣称坚持用三民主义完成建国一贯之志业，除设置国防最高委员会外，还通过党务报告决议案，并决议设立防共委员会，确定"溶共、防共、限共、反共"方针。同时，设置了专门的防共委员会，由蒋介石亲自提案的《限制异党活动办法》也在这次会议上获得通过。会议通过的《对于党务报告之决议案》宣称：国民党"革命之理论方略与步骤，均昭示于三民主义之中"。它强调"今后本党应着重革命理论之宣传与领导，而使违反主义之思想无从流布于社会，而于战区及敌人后方，尤应特别注意"。这显然是针对中国共产党及其信仰的共产主义。

国民党五中全会后，毛泽东注意到蒋介石态度的变化，他对党内有人对国民党提出的"一个党一个主义"存在糊涂观念作了提醒。在中央党校等部门演讲时，毛泽东强调国民党与共产党对待三民主义是有区别的。中国共产党"现在要实行的是三民主义，将来是社会主义，一定要把三民主义（现在的）变为社会主义（将来的），这一条我们不能放弃也不应该放弃"。"三民主义是到共产主义的必经之路，正如西安到延安，洛川是必经之路一样，现在我们实行三民主义，哪个说我们将来不实行社会主义"？

国民党则把旧的三民主义的宣传作为文化战线的主要任务。1939 年 3 月，国民政府为了支撑中国抗战危局，动员和振作全民抗御外辱的精神，开展了一场国民精神总动员，并颁布《国民精神总动员纲领》等法令，明确规定国民精神总动员实施的目的、要求和办法。国民精神总动员主要是想要国民达到三个共同目标：国家至上，民族至上；军事第一，胜利第一；意志集中，力量集中。《国民精神总动员纲领》要求：全国国民"确立同一的救国道德"即"忠孝仁爱信义和平之八德"，它"望吾国民对于建国原则之三民主义，必须巩固其信仰"，"打破敌人精神制胜之毒计"，"抗战而胜，则建国必成民族即得永久之乐利。"而所要建立的国家的基本目标是："外则为独立自由平等；内则为民有、民治、民享，此人人心里之所同，而三民主义即为达此国家建设唯一无二之法门。"针对国民党的宣传，同年 4 月毛泽东出席延安党员活动分子会议时作了《关于国民党所号召的国民精神总动员回顾》的报告，指出国民党的国民精神总动员之积极方面是号召全国人民对抗日本帝国主义，消极方面是对付共产党。5月1日，延安各界举行劳动节大会，毛泽东在会上作了题为《国民精神总动员的政治方向》的讲演，他认为延安各界开会宣誓，"实行国民精神总动员的纲领"，就是为了集中力量，集中意志，"打倒日本帝国主义，要把我们中国在危难之中挽救过来，改造过来，变成一个新中国"。

国民党颁布《限制异党活动办法》前后，不仅国共两党及其军队之间摩擦加剧，国民党及其中间势力向共产党的文化进攻也加剧，"一个主义，一个领袖，一个政党"的宣传甚嚣尘上。早在1938年底，国家社会党人张君劢发表《致毛泽东先生一封公开信》，主张取消边区、取消八路军和新四军，要同毛泽东讨论"共产党之理论"，谓毛泽东等"既努力于对外民族战争，不如将马克思主义暂搁一边"。"诚能如是，国中各派思想，同以救民族救国家为出发点，而其接近也自易易矣。"国民党五届五中全会后，由共产党的叛徒转变为国民党的理论家的叶青（任卓宣）便召集发起"三民主义研究及三民主义文化运动"。他宣称："我以为研究中国政治问题不能对于共产党底主张置诸不理，反之，还非从检讨出发不可，检讨它的结果应该是批判，从而作为它底基础的共产主义之不合于中国需要，也就十分明了。那末，用什么来代替它呢？批判了人家的主义，自己必须拿出一种主义来，这就舍三民主义莫属了。"

对国民党内顽固派和中间党派宣传旧的三民主义、反对共产主义，延安的共产党理论界即组织反击，提出要宣传真三民主义而不要假三民主义。1939年6月，毛泽东在延安高级干部会议上作了《反投降提纲》的报告。他在报告中既强调三民主义是统一战线的政治基础，更强调三民主义与共产主义在抗日过程中的区别，认为

"在把三民主义照着国民党第一次全国大会那样解释时，二者在资产阶级民主革命阶段的政纲上基本上是不相冲突的。"党内外许多人轻视三民主义，"是由于没有把真三民主义与假三民主义加以区别而来。"毛泽东还指出："在思想斗争问题上，两年来，尤其是半年来，代表国民党写文章的人包括托派叶青等在内，发表了许多不但反对共产主义而且也是反对真三民主义的'纷歧错杂的思想'……其实，他们所谓只有三民主义与国民党为适合国情，乃是最不合适国情的假三民主义与假国民党，而共产主义与共产党乃是完全适合国情的。"

为了揭破假国民党、假三民主义，让在抗战中得到迅速发展并已成为一个全国性大党的共产党公开走上政治舞台中心，让全国人民真正了解自己，毛泽东决定正面反击各种势力对共产党的进攻，明确地提出自己的政治主张，把更多的人吸引到共产党的旗帜下来，于是准备召开文化工作会议大造舆论，他的新民主主义文化理论即在这一时期形成产生。1939 年 12 月，中共中央政治局召开会议部署陕甘宁边区文化界救亡协会①的工作，听取艾思奇关于准备陕甘宁边区文代会报告内容的介绍。当艾思奇②说到新文化的性质是资产阶级民主主义文化，特殊地说是三民主义文化，还有无产阶级彻底的民主主义和共产主义的文化时，毛泽东即发言指出：我认为不提三民主义文化为好，因为三民主义的本质就是民主主义。民主主义有两

---

① 陕甘宁边区文化界救亡协会 1937 年 11 月 14 日在延安成立。

② 艾思奇（1910 – 1966），原名李生萱，哲学家，云南腾冲人，蒙古族。1910 年生于云南腾冲和顺李家大院，早年留学日本，1935 年参加中国共产党，长期从事马克思主义哲学研究、宣传和教育工作，捍卫辩证唯物主义和历史唯物主义，他在宣传毛泽东哲学思想方面亦有一定成就。著作有《大众哲学》《哲学与生活》《艾思奇文集》，主编有《辩证唯物主义与历史唯物主义》等。

派，一派是彻底的民主主义，一派是不彻底的民主主义。以提中华民族的新文化为好，即彻底的民主主义文化。边区的教育方针应该是民主主义的，应该宣传当前民主主义的任务，同时又宣传共产主义的思想体系。因此，学校也不能只教共产主义思想体系，而忽视当前的实际任务。新文化用下面四大口号为好：民族化（包括旧形式），民主化（包括统一战线），科学化（包括各种科学），大众化（鲁迅提出的口号，我们需要的）。毛泽东这里虽然还没有使用新民主主义文化概念，但已将这种新的民主主义文化的内容概括为"民族化、民主化、科学化、大众化"等四个方面，全面公开地阐明了新民主主义的政治和文化主张。

毛泽东与鲁迅都是 20 世纪的伟人，两人虽未谋面，但能够做到息息相通，主要是在共同的事业和共同的理想的基础上所形成的高度思想交融与人格景仰。1937 年底在延安毛泽东对鲁迅做出书面上的正式评价，在《七月》杂志第四集第二期上题为《毛泽东论鲁迅》的讲话中指出，鲁迅"并不是共产党的组织上的一人，然而他的思想、行动、著作，都是马克思主义化的"。毛泽东还论述了鲁迅的三大特点，即政治远见、斗争精神和牺牲精神，及由此形成的伟大的"鲁迅精神"，号召共产党人和革命者学习鲁迅的精神，为中华民族的解放而奋斗。在《新民主主义论》中进一步明确提出："二十年来，这个文化新军的锋芒所向，从思想到形式（文字等）无不起了极大的革命。其声势之浩大，威力之猛烈，简直是所向无敌的。其动员之广大，超过中国任何历史时代。而鲁迅，就是这个文化新军的最伟大和最英勇的旗手。鲁迅是中国文化革命的主将，他不但是伟大的文学家，而且是伟大的思想家和伟大的革命家。鲁迅的骨头是最硬的，他没有丝毫的奴颜和媚骨，这是殖民地半殖民地人民最可宝贵的性格。鲁迅是在文化战线上，代表全民族的大多数，向着敌人冲锋陷阵的最正确、最勇敢、最坚决、最忠实、最热忱的空前的民族英雄。鲁迅的方向，就是中华民族新文化的方向。"

　　所以毛泽东在这一节中提出："希望中国的抗日统一战线坚持下去，不是一家独霸而是大家合作，把抗日的事业弄个胜利，才是上策，否则一概是下策。"共产党人对于一切革命的人们，是决不排斥的，我们将和所有愿意抗日到底的阶级、阶层、政党、政团以及个人，坚持统一战线，实行长期合作。但人家要排斥共产党，那是不行的；人家要分裂统一战线，那是不行的。中国必须抗战下去，团结下去，进步下去；谁要投降，要分裂，要倒退，我们是不能容忍的。

（八）　驳空谈主义

　　这是《新民主主义论》的第八部分。

　　何为空谈主义？毛泽东承接上文中论述的不能走资产阶级专政的资本主义的路，又深入地分析了中国目前也不能走无产阶级专政的社会主义的路，如果中国不能完成反帝反封建的革命任务，社会主义是谈不到的，如果非要谈，那么就是空谈。

　　原文中这样写道：不走资产阶级专政的资本主义的路，是否就可以走无产阶级专政的社会主义的路呢？也不可能。

　　为什么没有可能呢？何以证明这是空谈呢？

　　毛泽东认为中国革命第一步是新民主主义，将来要发展到第二步，发展到社会主义。中国也只有进到社会主义时代才是真正幸福的时代。但是现在还不是实行社会主义的时候。中国现在的革命任务是反帝反封建的任务，这个任务没有完成以前，社会主义是谈不到的。中国革命不能不做两步走，第一步是新民主主义，第二步才是社会主义。而且第一步的时间是相当地长，决不是一朝一夕所能成就的。我们不是空想家，我们不能离开当前的实际条件。

有些恶意的宣传家，故意混淆这两个不同的革命阶段，提倡所谓"一次革命论"，用以证明什么革命都包举在三民主义里面了，共产主义就失了存在的理由；用这种"理论"，起劲地反对共产主义和共产党，反对八路军新四军和陕甘宁边区。其目的，是想根本消灭任何革命，反对资产阶级民主革命的彻底性，反对抗日的彻底性，而为投降日寇准备舆论。这种情形，是日本帝国主义有计划地造成的。

因为日本帝国主义在占领武汉后，知道单用武力不能屈服中国，乃着手于政治进攻和经济引诱。所谓政治进攻，就是在抗日阵线中诱惑动摇分子，分裂统一战线，破坏国共合作。所谓经济引诱，就是所谓"合办实业"。

日本削弱中国经济力的战略目标一是掠夺中国的经济资源，二是遏制中国的财政和金融。这些战略目标相当广泛地体现在日本有关侵略中国东北、华北以及其他地区的计划、纲要、方案等文件中。

比如，在1937年12月27日创立的日本对华经济侵略机构——满洲重工业开发股份公司的一份材料中写道："满洲国的地下埋藏着丰富的兴办重工业的三大要素——铁、煤炭、轻金属。就是把这些资源放在一个系统下，加以综合开发，并在这个企业的统筹下，进行从开发地下资源到飞机、汽车的制造事业，建立一个在日本前所未见的大规模的重工业系统，这才是充分利用这些资源的办法。"按照这种逻辑，中国的资源只配日本来开发和利用，而日本开发和利用的中国资源愈多，中国的国力就自然愈被削弱。这正是日本对华经济战略要达到的一个效果。

日本削弱中国国力，财政金融自然成为它重点攻击的经济目标。对此，曾任国民党政府代理行政院长兼财政部长的孔祥熙在 1939 年 6 月呈蒋介石的财政密报中指出："近代战争非但恃武力之强弱，尤以经济力孰能持久，判断其最后之胜负。敌人除以武力侵略外，并处心积虑破坏我经济金融，妄冀削弱我抗战力量。"日本的破坏明确的指向中国的币制改革。为防止白银外流，稳定金融和经济，国民党政府在英国顾问李滋罗斯的帮助下，于 1935 年 11 月进行币制改革，废止银本位制，采用纸币流通制，并规定流通纸币即法币与英镑和美元的汇率。孔祥熙于 11 月 3 日宣布币制改革后，日本马上做出反应，说什么"白银国有与现银集中于上海，是陷华北经济于绝境，并阻碍日本利益。如贵方不能自动制止，则日本将以实力期其实现"。即以武力制止币制改革。南次郎则认为，应通过策动华北"独立"来破坏币制改革。他在给广田外相的建议中说，如使华北"独立"，"结果将使作为英国借款的担保品——关税余额和铁路收入的价值几乎都减少一半，同时，防止现银集中，以破坏币制改革的根本条件，借此使南京政府自己放弃这一企图。"真可谓一箭双雕。中日战争全面爆发后，中国军民奋勇抵抗，日本看到不可能实现其三个月灭亡中国的狂言，便愈发重视对中国的经济战，以削弱中国的经济力。1938 年 7 月 12 日，日本五相会议在关于所谓对中国的谋略中指出："设法造成法币的崩溃，取得中国的在外国资金，由此在财政上使中国现中央政府自行消灭。"所以，日本一直把破坏中国的财政金融作为其重要经济战略目标。在整个中日战争期间，日本是从军事和经济两个战略方向上来实施其削弱中国国力的战略。

掠夺中国工农业资源以及其他资源，是日本削弱中国国力经济战略对策的重点。从日本侵占东北到其全面侵华，它掠夺中国资源的活动就没有停止过，直至它战败投降。资源掠夺又是削弱中国国力的重要方法。在资源总量有限的条件下，一方占有的愈多，另一方必得之愈少，正符合资本帝国主义国际战略中经济力量运用的要求，自然为日本重点运用。

日本为达到削弱中国国力的目的，在手段上无所不用其极。从经济手段上看，有经济垄断、经济封锁、资源掠夺、走私贩私、扰乱金融，等等。日本上述经济手段的运用并非纯经济性的，而是与非经济手段融合在一起的，且对策狡诈多变。日本对策的狡诈主要表现在利诱、诈骗、变换上。利诱，就是打着"合办实业"的幌子，进行经济引诱。1938年10月，武汉失陷后，日本就宣称：在华中华南，允许中国资本家投资51%，日资占49%；在华北，允许中国资本家投资49%，日资51%，并允许将各中国资本家原有产业发还他们，折合计算，充作资本。比如，实行"合作"的淮南煤矿公司和华中盐业公司，中方出资有200多万日元，日方是否投资却不得而知。即使投资，也不过是军用券、伪钞、公司债券之类的废纸。因此，正如经济学家许涤新所指出，所谓"合作"完全"是一种骗人的花样，实际乃是利用汉奸资本吮吸我国人力与物资的毒计罢了。其所谓开发，不外是尽力掠夺沦陷区的劳动力和原料而已"，就是根据形势变化而改变手法。这集中表现在日本对法币的策略上。中日战争全面开始后，日本对法币总的政策是破坏其信用，以利于其控制金融。但在太平洋战争爆发前，上海尚有法币外汇市场，日本想利用法币套购外汇，因而还不想过分贬低法币的的价值。太平洋战争爆发后，上海租界被日军占领，外汇市场不复存在，日本转而对法币实行打击和排斥的对策，就极力贬低法币价值，以便用日钞、伪钞兑换更多的法币，去收购中国的物资；同时禁止沦陷区流通法币，以防中国方面到沦陷区购买物品。日本对法币对策的前后变化，反映日本为削弱中国国力而用尽心机。

在日本帝国主义政治进攻和经济引诱之下，一些丧尽天良的资本家，就见利忘义，跃跃欲试。一部分资产阶级，以汪精卫为代表，已经投降了。再一部分资产阶级，躲在抗日阵线内的，也想跑去。但是他们做贼心虚，怕共产党阻挡他们的去路，更怕老百姓骂汉奸。于是什么"一次革命论"呀，共产主义不适合中国国情呀，共产党在中国没有存在之必要呀，八路军新四军破坏抗日、游而不击呀，陕甘宁边区是封建割据呀，共产党不听话、不统一、有阴谋、要捣乱呀，这些"谣言"开始满天飞，当然"造谣"的人就是为了骗那些不知世事的人，以便时机一到，资本家们就很有理由地去拿百分之四十九或五十一，而把全民族的利益一概卖给敌人。为了做好投降之前的思想准备或舆论准备，他们提倡"一次革命论"，即反对中国革命有阶段之分，抹杀资产阶级民主革命和社会主义革命之间的区别，反对共产主义和共产党，迷恋孙中山《〈民报〉发刊词》中的"毕其功于一役"，企图把社会主义革命和民主革命并作一步走，在民主革命时期一举取得社会主义革命的胜利。

还有另外一些人，他们似乎并无恶意，但是也迷惑于所谓"一次革命论"，迷惑于所谓"举政治革命与社会革命毕其功于一役"的纯主观的想法。

其实在两个革命阶段中，第一个为第二个准备条件，而两个阶段必须衔接，不容横插一个资产阶级专政的阶段，这是正确的，这是马克思主义的革命发展论。如果说，民主革命没有自己的一定任务，没有自己的一定时间，而可以把只能在另一个时间去完成的另一任务，例如社会主义的任务，合并在民主主义任务上面去完成，这个叫做"毕其功于一役"，那就是空想，而为真正的革命者所不取的。

（九）　驳顽固派

这是《新民主主义论》的第九部分。

在这一部分中，毛泽东再一次显现了他政论文语言犀利、爱憎分明、斩钉截铁、富有战斗力的特点。1940 年，中国资产阶级顽固派提出所谓"一个主义"的反动口号，提出要共产党收起共产主义的反动主张。这种议论，在所谓"一个主义"的标题之下，已经变成了狂妄的叫嚣。这种叫嚣，其本质就是顽固分子们的资产阶级专制主义。

为了批驳这一反动谬论，毛泽东首先写道：共产主义是无产阶级的整个思想体系，同时又是一种新的社会制度。这种思想体系和社会制度，是区别于任何别的思想体系和任何别的社会制度的，是自有人类历史以来，最完全最进步最革命最合理的。中国自从有了科学的共产主义以来，人们的眼界是提高了，中国革命也改变了面目。中国的民主革命，没有共产主义去指导是决不能成功的，更不必说革命的后一阶段了。这也就是资产阶级顽固派为什么要那样叫嚣和要求"收起"它的原因。其实，这是"收起"不得的，一收起，中国就会亡国。现在的世界，依靠共产主义做救星；现在的中国，也正是这样。

反之，你还能看到这样两幅图画："资本主义的思想体系和社会制度，已有一部分进了博物馆；其余部分，也已'日薄西山，气息奄奄，人命危浅，朝不虑夕'，快进博物馆了。惟独共产主义的思想体系和社会制度，正以排山倒海之势，雷霆万钧之力，磅礴于全世界，而葆其美妙之青春"。这两幅图画非常形象，形成了鲜明的对比。其语言用词褒贬鲜明，句式整齐有力，犹如劈向敌人的利剑，恰似熊熊烈火。这是革命的剑和火在语言中的结合，充分表现丁无产阶级应有的战斗风格。

为了进一步驳斥顽固派，毛泽东依据时代的特点和国际国内的环境，引用了 1924 年孙中山《三民主义·民生主义》第二讲中的"共产主义是三民主义的好朋友"这句话。孙中山在《三民主义》中曾这样写道："一般革命同志对于国民党的三民主义，是什么情形呢？民国政治上经过这 13 年的变动和 13 年的经验，现在各位同志对于民族、民权那两个主义，都是很明白的；但是对于民生主义的心理，好像革命以后革命党有兵权的人对于民权主义一样无所可否，都是不明白的。为什么我敢说我们革命同志对于民生主义还没有明白呢？就是由于这次国民党改组，许多同志因为反对共产主义，便居然说共产党和三民主义不同，在中国只要行三民主义便够了，共产主义是决不能容纳的。然则民生主义到底是什么东西呢？我在前一次讲演有一点发明，是说社会的文明发达、经济组织的改良和道德进步，都是以什么为重心呢？就是以民生为重心。民生就是社会一切活动中的原动力。因为民生不遂，所以社会的文明不能发达，经济组织不能改良，和道德退步，以及发生种种不平的事情，像阶级战争和工人痛苦，那些种种压迫，都是由于民生不遂的问题没有解决。所以社会中的各种变态都是果，民生问题才是因。照这样判断，民生主义究竟是什么东西呢？民生主义就是共产主义，就是社会主义。所以我们对于共产主义，不但不能说是和民生主义相冲突，并且是一个好朋友，主张民生主义的人应该要细心去研究的。"因为有了孙中山在中国国民党第一次全国代表大会上提出的新的革命的三民主义，因为新三民主义和中国共产党在民主革命阶段的政纲基本原则相同，这才有了国共合作的政治基础才有了第一次国共合作，才有了各革命阶级的统一战线的建立，才开展了中国革命的新局面。

因为在第一次国共合作时期，毛泽东担任国民党中央候补执行委员，曾当过国民党中央宣传部代理部长，对孙中山的《三民主义》是相当熟读了的，所以他引用了"共产主义是三民主义的好朋友"这句话。

共产党人，就是因三民主义的政治原则有和自己的最低纲领基本上相同之点，所以才有可能承认"三民主义为抗日统一战线的政治基础"，才有可能承认"三民主义为中国今日之必需，本党愿为其彻底实现而奋斗"，否则共产党人就不承认"三民主义"了。就是因三民主义的政治原则有和自己的最低纲领基本上相同之点，"三民主义为中国今日之必需，中国共产党才愿为其彻底实现而奋斗"。所以，否认了共产主义，实际上就是否认了统一战线。顽固派就是要奉行其一党主义，否认统一战线，才造出那些否认共产主义的荒谬说法来。

同时，毛泽东还指出"一个主义"也不通，与其"收起"某个主义，不如比赛……"一个主义"为什么不通？因为在阶级存在的条件之下，有多少阶级就有多少主义，甚至一个阶级的各集团中还各有各的主义。现在封建阶级有封建主义，资产阶级有资本主义，佛教徒有佛教主义，基督徒有基督主义，农民有多神主义，近年还有人提倡什么基马尔主义，法西斯主义，唯生主义，"按劳分配主义"，为什么无产阶级不可以有一个共产主义呢？既然有数不清的主义，为什么见了共产主义就高叫"收起"呢？讲实在话，"收起"是不行的，还是比赛吧。谁把共产主义比输了，我们共产党人自认晦气。如若不然，那所谓"一个主义"的反民权主义的作风，还是早些"收起"吧！

这些排山倒海般的语言气势，显现了一个共产党人的无比自信，也驳斥了国民党顽固派鼓吹的"一次革命论"和以伪三民主义取代真三民主义、用三民主义代替共产主义的言论。

为了免除误会，并使顽固派开开眼界起见，毛泽东接下来分析了三民主义和共产主义的异同：相同部分。1924年孙中山重新解释的三民主义中的革命的民族主义、民权主义和民生主义这三个政治原则，同共产主义在中国民主革命阶段的政纲，基本上是相同的；不同部分。第一，民主革命阶段上一部分纲领的不相同。共产主义的全部民主革命政纲中有彻底实现人民权力、八小时工作制和彻底的土地革命纲领，三民主义则没有这些部分。如果它不补足这些，并且准备实行起来，那对于民主政纲就只是基本上相同，不能说完全相同。第二，有无社会主义革命阶段的不同。共产主义于民主革命阶段之外，还有一个社会主义革命阶段，因此，于最低纲领之外，还有一个最高纲领，即实现社会主义和共产主义社会制度的纲领。三民主义则只有民主革命阶段，没有社会主义革命阶段，因此它就只有最低纲领，没有最高纲领，即没有建立社会主义和共产主义社会制度的纲领。第三，宇宙观的不同。共产主义的宇宙观是辩证唯物论和历史唯物论，三民主义的宇宙观则是所谓民生史观，实质上是二元论或唯心论，二者是相反的。第四，革命彻底性的不同。共产主义者是理论和实践一致的，即有革命彻底性。三民主义者除了那些最忠实于革命和真理的人们之外，是理论和实践不一致的，讲的和做的互相矛盾，即没有革命彻底性。

在这里，我们可以看到毛泽东理论功底的深厚，逻辑思维的严密，思想认识的深邃，他用自己的思想和言论驳斥了资产阶级顽固派，驳斥了伪三民主义，驳斥了"收起"共产主义。

（十） 旧三民主义和新三民主义

这是《新民主主义论》的第十部分。

由于毛泽东既能准确地认识客观事物的本质和规律，又具有极高的表达能力，所以他的语言也像斯大林评价列宁语言时所讲的话一样，"每一句话都不是一句寻常说出的话，而是一颗打中目标的子弹"。在本文的前面部分，毛泽东已经对资产阶级顽固派反共目的、革命"左"派的"空谈主义"错误、日本帝国主义的政治经济诱降下资产阶级投降派的"一次革命论"的险恶用心进行了有力的驳斥，与当时对国民党顽固派的反共攻击、投降派的舆论宣传进行了正面交锋。接着他就在第十部分中站在历史的分水岭上，从广大人民群众的现阶段反封建反帝的伟大社会实践出发，总结世界无产阶级革命发展，阐明了中国民主革命作为世界无产阶级革命的一部分，区别于旧民主革命阶段，它的革命任务是无产阶级反帝反封，与新三民主义基本类似却又具备科学性和彻底性。

具体说来，这一节首先是区别新三民主义和旧三民主义。

我们共产党人承认"三民主义为抗日民族统一战线的政治基础"，承认"三民主义为中国今日之必需，本党愿为其彻底实现而奋斗"，承认共产主义的最低纲领和三民主义的政治原则基本上相同。但是这种三民主义是孙中山先生在《中国国民党第一次全国代表大会宣言》①中所重新解释的三民主义。至于其他都是伪三民主义。三民主义是有两个历史时代的，《中国国民党第一次全国代表大会宣言》发表之前的三民主义是旧范畴的三民主义，是旧的半殖民地资产阶级民主革命的三民主义，是旧民主主义的三民主义，是旧三民主义。《中国国民党第一次全国代表大会宣言》发表之后的三民主义是新范畴的三民主义，是新的半殖民地资产阶级民主革命的三民主义，是新民主主义的三民主义，是新三民主义。

新时期的革命的三民主义，新三民主义或真三民主义，是联俄、联共、扶助农工三大政策的三民主义。没有三大政策，或三大政策缺一，在新时期中，就都是伪三民主义，或半三民主义。何以证明？

---

① 1924 年 1 月 23 日中国国民党第一次全国代表大会通过的纲领性文件。这个宣言是在孙中山的组织指导下，由国共两党的代表共同制订的，既反映了与会者的集体意志，也体现了孙中山晚年思想的发展。这次会议代表总额 196 人，到会 165 人。代表中一半由各省党部选举产生，一半由孙中山指定。其中共产党员约占 40%。李大钊、陈独秀、毛泽东、林伯渠、谭平山、王烬美、李维汉等人都以个人身份出席了大会。宣言包含了反帝反封建的内容和联俄、联共、扶助农工三大政策的精神，把旧三民主义发展为新三民主义，因而成为国共两党进行合作的共同政治基础。

毛泽东分三点进行了论证。

第一，如果没有联俄政策，不同社会主义国家联合，那就必然是联帝政策，必然同帝国主义联合。社会主义的苏联和帝国主义之间的斗争一经进一步尖锐化，中国不站在这方面，就要站在那方面，这是必然的趋势。没有"中立"的三民主义，只有革命的或反革命的三民主义。

第二，如不联共，就要反共。日本帝国主义和汪精卫反共，你加入他们的反共公司有点当汉奸的嫌疑。就算你不跟日本走，单跟别国走，只要反共，你就是汉奸，因为你不能再抗日。因为老百姓欢喜"共"，却不欢喜"反"，你要反共，老百姓是决不容情的，在一个民族敌人深入国土之时，你要反共，他们就要了你的命。今日的三民主义，必须是联共的三民主义，否则，三民主义就要灭亡。这是三民主义的存亡问题。联共则三民主义存，反共则三民主义亡。

第三，真三民主义，必须是农工政策的三民主义。中国国民党总理孙中山的《总理遗嘱》[1]上的"唤起民众"，那就是准备革命失败，也就是准备自己失败。1925年3月30日斯大林在共产国际执行委员会南斯拉夫委员会会议上所作的《论南斯拉夫的民族问题》演

---

[1] 《总理遗嘱》是中国国民党总理孙中山的遗嘱。1925年孙中山病笃，子孙科与汪精卫、戴季陶等国民党要员唯恐总理未留遗嘱即辞世，遂商议为总理代拟遗嘱，由汪精卫于2月24日写下，一说起革者为戴季陶。据说孙中山很满意内容，一字未改，于3月11日在妻子宋庆龄的协助下补签，翌日逝世。遗嘱署名的见证者尚有宋子文、孔祥熙、何香凝、邹鲁等党政要员。遗嘱共分两部分，第一部分总结40年来革命成果，并为后来革命指明重要的方向；第二部分为交待身后家事。一般提到《总理遗嘱》时所指的多半是第一部分。1929年建于广州的中山纪念碑上铭刻有李济深用隶书书写的《总理遗嘱》，现仍保存完好。1940年4月1日，孙中山正式被尊为中国的国父，因此《总理遗嘱》又称为《国父遗嘱》。

讲时说："所谓民族问题，实质上就是农民问题。"因为民族问题除了包含农民问题以外，还包含民族文化问题、民族国家问题等等，但是民族问题的基础，它的内在实质仍然是农民问题，这也是毫无疑义的。这也就说明农民是民族运动的主力军，没有农民这支军队，就没有而且也不可能有声势浩大的民族运动。所谓民族问题实质上是农民问题，正是指这一点说的。早在 1927 年 3 月，毛泽东在《湖南农民运动考察报告》①中就强调指出：中国革命实质上是农民革命。没有农村中的大革命，就不可能打倒帝国主义和封建主义。第一次国内革命战争时期虽然也有城市根据地，但必须以农村根据地的发展来巩固它。土地革命时期，革命由城市转入农村，农民问题就更为重要了。农民这个名称所包括的内容，主要地是指贫农和中农。贫农，连同雇农在内，约占农村人口 70%。贫农是没有土地或土地不足的广大的农民群众，是农村中的半无产阶级，是无产阶级的最可靠的同盟者，是中国革命队伍的主力军。中农约占农村人口 20%，他们也受帝国主义、地主阶级和资产阶级的剥削，没有政治权利，不但能够参加反帝国主义革命和土地革命，并且能够接受社会主义。因此，全部中农都可以成为无产阶级的可靠的同盟者，是重要的革命动力的一部分。在 1940 年 1 月的《新民主主义论》一文

---

①　1927 年 3 月 5 日由毛泽东发表，此文是为了答复当时党内党外对于农民革命斗争的责难而写的。为了这个目的，毛泽东到湖南做了三十二天的考察工作，并写了这一篇报告。当时党内以陈独秀为首的右倾机会主义者，不愿意接受毛泽东的意见，而坚持自己的错误见解。他们的错误，主要是被国民党的反动潮流所吓倒，不敢支持已经起来和正在起来的伟大的农民革命斗争。为了迁就国民党，他们宁愿抛弃农民这个最主要的同盟军，使工人阶级和共产党处于孤立无援的地位。1927 年春夏国民党之所以敢于叛变，发动"清党运动"和反人民的战争，主要就是看准了共产党的这个弱点。

中，毛泽东又根据斯大林提出的"民族问题实质上是农民问题"的论断，再一次阐释了"中国的革命实质上是农民革命"这一重要论点。新三民主义，真三民主义，实质上就是农民革命主义。大众文化，实质上就是提高农民文化。抗日战争，实质上就是农民战争。现在是"上山主义"的时候，大家开会、办事、上课、出报、著书、演剧，都在山头上，实质上都是为的农民。因此，农民问题，就成了中国革命的基本问题。中国的资产阶级民主革命实际上就是农民革命，中国的革命战争实质上是农民战争。中国共产党人如果离开了广大的农民的援助，就将一事无成。

由此可知，离开联俄、联共、扶助农工三大政策的三民主义，是没有前途的。

（十一） 新民主主义的文化

这是《新民主主义论》的第十一部分。

毛泽东在《新民主主义论》的开篇第一部分中就已经说明，他是要趁着《中国文化》的出版，说明一下中国政治和中国文化的动向问题，在第二部分中他在提出"我们要建立一个新中国"前也再次提到了我们共产党人不但为中国的政治革命和经济革命而奋斗，而且为中国的文化革命而奋斗，一切这些的目的，在于建设一个中华民族的新社会和新国家。在这个新社会和新国家中，不但有新政治、新经济，而且有新文化。这些都是从整体上论述了建立新民主主义文化的必要性，也让我们看到了毛泽东将新文化与新政治、新经济并列，把文化建设作为"新国家"建设的重要内容，强调了文化的重要地位。

那么我们现有的文化是什么呢？

一定的文化是一定社会的政治和经济在观念形态上的反映。

在中国，有帝国主义文化，这是反映帝国主义在政治上经济上统治或半统治中国的东西。这一部分文化，除了帝国主义在中国直接办理的文化机关之外，还有一些无耻的中国人也在提倡。一切包含奴化思想的文化，都属于这一类。

在中国，又有半封建文化，这是反映半封建政治和半封建经济的东西，凡属主张尊孔读经、提倡旧礼教旧思想、反对新文化新思想的人们，都是这类文化的代表。

帝国主义文化和半封建文化是非常亲热的两兄弟，它们结成文化上的反动同盟，反对中国的新文化。这类反动文化是替帝国主义和封建阶级服务的，是应该被打倒的东西。不把这种东西打倒，什么新文化都是建立不起来的。不破不立，不塞不流，不止不行，它们之间的斗争是生死斗争。

毛泽东新民主主义的文化理论与其政治理论具有密切联系，他是从政治革命的角度来阐发其文化理论的。新文化是在观念形态上反映新政治和新经济的东西，是替新政治新经济服务的。革命有新旧之分，中国资产阶级民主革命的一百年中，分为前八十年和后二十年两个大段落。前八十年，中国资产阶级民主革命是属于旧范畴的；而在后二十年，由于国际国内政治形势的变化，便属于新范畴了。旧民主主义——前八十年的特点。新民主主义——后二十年的特点。这种区别，在政治上如此，在文化上也是如此。《新民主主义论》最初的题目是《新民主主义的政治和新民主主义的文化》本身就说明了问题。毛泽东所论的政治是新民主主义政治，它是在孙中山的三民主义、特别是在经过重新解释的联俄、联共、扶助农工的三民主义的基础上生长的，但因有马克思列宁主义为主导，它又是对三民主义的超越。从总体上看，毛泽东的新民主主义文化理论是一种政治文化理论，其提出的目的是在共产党领导下，与资产阶级、农民阶级及其他小资产阶级等结成广泛的统一战线，打败日本侵略者，反对大地主、大资产阶级，目标是建立一个新民主主义共和国。但文化在毛泽东那里是一个内容丰富而复杂的概念。一般说来，文化主要指人类社会实践基础上创造的以文字为载体的科学知识及语言文化，历史地积累起来的精神财富。从特殊意义上说，文化主要指与一定社会经济、政治相适应的思想、观念。毛泽东既重视作为一般的精神财富的科学知识文化，更重视作为指导社会政治和经济革命的思想文化。他认为一定的文化是一定社会的政治和经济的反映，又影响和作用于一定社会的政治和经济。

（十二）　中国文化革命的历史特点

这是《新民主主义论》的第十二部分。

在这一部分中，毛泽东首先将中国文化战线或思想战线分为了"五四"以前和"五四"以后两个不同的历史时期。

他认为在"五四"以前，中国文化战线上的斗争，是资产阶级的新文化和封建阶级的旧文化的斗争。在"五四"以前，学校与科举之争，新学与旧学之争，西学与中学之争，都带着这种性质。那时的所谓学校、新学、西学，基本上都是资产阶级代表们所需要的自然科学和资产阶级的社会政治学说（说基本上，是说那中间还夹杂了许多中国的封建余毒在内）。在当时，这种所谓新学的思想，有同中国封建思想作斗争的革命作用，是替旧时期的中国资产阶级民主革命服务的。可是，因为中国资产阶级的无力和世界已经进到帝国主义时代，这种资产阶级思想只能上阵打几个回合，就被外国帝国主义的奴化思想和中国封建主义的复古思想的反动同盟所打退了，被这个思想上的反动同盟军稍稍一反攻，所谓新学，就偃旗息鼓，宣告退却，失了灵魂，而只剩下它的躯壳了。旧的资产阶级民主主义文化，在帝国主义时代，已经腐化，已经无力了，它的失败是必然的。

五四"以后，中国产生了完全崭新的文化生力军，这就是中国共产党人所领导的共产主义的文化思想，即共产主义的宇宙观和社会革命论，其基本内容是以马克思主义为指导的，这才是新民主主义性质的文化，才是属于世界无产阶级的社会主义的文化革命的一部分。五四运动是在 1919 年，中国共产党的成立和劳动运动的真正开始是在 1921 年，均在第一次世界大战和十月革命之后，即在民族问题和殖民地革命运动在世界上改变了过去面貌之时，在这里中国革命和世界革命的联系，是非常之显然的。由于中国政治生力军即中国无产阶级和中国共产党登上了中国的政治舞台，这个文化生力军，就以新的装束和新的武器，联合一切可能的同盟军，摆开了自己的阵势，向着帝国主义文化和封建文化展开了英勇的进攻。这支生力军在社会科学领域和文学艺术领域中，不论在哲学方面，在经济学方面，在政治学方面，在军事学方面，在历史学方面，在文学方面，在艺术方面（又不论是戏剧，是电影，是音乐，是雕刻，是绘画），都有了极大的发展。二十年来，这个文化新军的锋芒所向，从思想到形式（文字等），无不起了极大的革命。其声势之浩大，威力之猛烈，简直是所向无敌的。其动员之广大，超过中国任何历史时代。而鲁迅，就是这个文化新军的最伟大和最英勇的旗手。鲁迅是中国文化革命的主将，他不但是伟大的文学家，而且是伟大的思想家和伟大的革命家。鲁迅的骨头是最硬的，他没有丝毫的奴颜和媚骨，这是殖民地半殖民地人民最可宝贵的性格。鲁迅是在文化战线上，代表全民族的大多数，向着敌人冲锋陷阵的最正确、最勇敢、最坚决、最忠实、最热忱的空前的民族英雄。鲁迅的方向，就是中华民族新文化的方向。

通过"五四"前后两个不同文化的对比分析，毛泽东凝练地总结了新民主主义文化的概念，就是无产阶级领导的人民大众的反帝反封建的文化。

（十三） 四个时期

这是《新民主主义论》的第十三部分。

在这一部分中，毛泽东认为在中国，文化革命，和政治革命同样，有一个统一战线，他将二十年来，分为四个时期。

第一个时期是 1919 年到 1921 年的两年，这一时期中以五四运动为主要的标志。五四运动所进行的文化革命是高举反对旧道德提倡新道德、反对旧文学提倡新文学的两大旗帜，彻底地反对封建文化的运动，但是还没有可能普及到工农群众中去。

原文中这样写道：五四运动是反帝国主义的运动，又是反封建的运动。五四运动的杰出的历史意义，在于它带着为辛亥革命还不曾有的姿态，这就是彻底地不妥协地反帝国主义和彻底地不妥协地反封建主义。五四运动所以具有这种性质，是在当时中国的资本主义经济已有进一步的发展，当时中国的革命知识分子眼见得俄、德、奥三大帝国主义国家已经瓦解，英、法两大帝国主义国家已经受伤，而俄国无产阶级已经建立了社会主义国家，德、奥（匈牙利）、意三国无产阶级在革命中，因而发生了中国民族解放的新希望。五四运动是在当时世界革命号召之下，是在俄国革命号召之下，是在列宁号召之下发生的。五四运动是当时无产阶级世界革命的一部分。五四运动时期虽然还没有中国共产党，但是已经有了大批的赞成俄国革命的具有初步共产主义思想的知识分子。五四运动，在其开始，是共产主义的知识分子、革命的小资产阶级知识分子和资产阶级知识分子（他们是当时运动中的右翼）三部分人的统一战线的革命运动。它的弱点，就在只限于知识分子，没有工人农民参加。但发展到六三运动时，就不但是知识分子，而且有广大的无产阶级、小资产阶级和资产阶级参加，成了全国范围的革命运动了。五四运动所进行的文化革命则是彻底地反对封建文化的运动，自有中国历史以来，还没有过这样伟大而彻底的文化革命。当时以反对旧道德提倡新道德、反对旧文学提倡新文学为文化革命的两大旗帜，立下了伟大的功劳。这个文化运动，当时还没有可能普及到工农群众中去。它提出了"平民文学"口号，但是当时的所谓"平民"，实际上还只能限于城市小资产阶级和资产阶级的知识分子，即所谓市民阶级的知识分子。五四运动是在思想上和干部上准备了1921年中国共产党的成立，又准备了五卅运动①和北伐战争②。当时的资产阶级知识分子，是五四运动的右翼，到了第二个时期，他们中间的大部分就和敌人妥协，站在反动方面了。

第二个时期是 1921 年到 1927 年的六年，以中国共产党的成立和五卅运动、北伐战争为标志，继续了并发展了五四运动时三个阶级的统一战线，吸引了农民阶级加入，并且在政治上形成了这个各阶级的统一战线，这就是第一次国共两党的合作。孙中山先生提出了联俄、联共、扶助农工三大革命政策，因为没有提出反帝国主义的口号，也没有提出反封建社会制度和反封建文化思想的口号，只能是旧三民主义。由于国共两党的合作，原来的三民主义发展成了反帝反封建的三大政策的新民主主义。

原文中这样写道：第二个时期，以中国共产党的成立和五卅运动、北伐战争为标志，继续了并发展了五四运动时三个阶级的统一战线，吸引了农民阶级加入，并且在政治上形成了这个各阶级的统一战线，这就是第一次国共两党的合作。孙中山先生之所以伟大，

---

① 1925 年 5 月 30 日，震惊中外的五卅运动在上海爆发，并很快席卷全国。五卅运动是中国共产党直接领导的以工人阶级为主力军的中国人民反帝革命运动，标志着国民大革命高潮的到来。五卅运动是一次伟大的群众性的反帝爱国运动，它大大提高了全国人民的觉悟程度和组织力量，在全国范围内为北伐战争准备了群众基础，并将国民革命推向高潮，从而揭开了 1925－1927 年中国大革命的序幕。正如著名工人运动领袖邓中夏所说："五卅运动以后，革命高潮，一泻汪洋，于是构成一九二五至一九二七年的中国大革命"。

② 是 1926 年至 1928 年间，中国国民党领导的国民政府为争夺统治权而向北洋军阀发动的内战，因战场由南向北推进，故常简称为"北伐"或"北伐战争"。在国民革命军连克长沙、武汉、南京、上海等地以后，国民政府内部因对中国共产党的不同态度而一度分裂，北伐陷于停顿。宁汉复合后，国民革命军继续北伐，并在西北的冯玉祥和山西的阎锡山加入下，于 1928 年攻克北京，致使北洋奉系的张作霖撤往东北并被日本刺杀于皇姑屯，其子张学良宣布改旗易帜。至此，国民革命军北伐完成，中国实现了形式上的统一。

不但因为他领导了伟大的辛亥革命（虽然是旧时期的民主革命），而且因为他能够"适乎世界之潮流，合乎人群之需要"，提出了联俄、联共、扶助农工三大革命政策，对三民主义作了新的解释，树立了三大政策的新三民主义。在这以前，三民主义是和教育界、学术界、青年界没有多大联系的，因为它没有提出反帝国主义的口号，也没有提出反封建社会制度和反封建文化思想的口号。在这以前，它是旧三民主义，这种三民主义是被人们看成为一部分人为了夺取政府权力，即是说为了做官，而临时应用的旗帜，看成为纯粹政治活动的旗帜。在这以后，出现了三大政策的新三民主义。由于国共两党的合作，由于两党革命党员的努力，这种新三民主义便被推广到了全中国，推广到了一部分教育界、学术界和广大青年学生之中。这完全是因为原来的三民主义发展成了反帝反封建的三大政策的新民主主义的三民主义之故；没有这一发展，三民主义思想的传播是不可能的。

在这一时期中，这种革命的三民主义，成了国共两党和各个革命阶级的统一战线的政治基础，"共产主义是三民主义的好朋友"，两个主义结成了统一战线。以阶级论，则是无产阶级、农民阶级、城市小资产阶级、资产阶级的统一战线。那时，以共产党的《向导周报》，国民党的上海《民国日报》及各地报纸为阵地，曾经共同宣传了反帝国主义的主张，共同反对了尊孔读经的封建教育，共同反对了封建古装的旧文学和文言文，提倡了以反帝反封建为内容的新文学和白话文。在广东战争和北伐战争中，曾经在中国军队中灌输了反帝反封建的思想，改造了中国的军队。在千百万农民群众中，提出了打倒贪官污吏打倒土豪劣绅的口号，掀起了伟大的农民革命斗争。由于这些，再由于苏联的援助，就取得了北伐的胜利。但是大资产阶级一经爬上了政权，就立即结束了这次革命，转入了新的政治局面。

第三个时期是1927年到1937年的十年新的革命时期。这一时期，是一方面反革命的"围剿"，又一方面革命深入的时期。这时有两种反革命的"围剿"：军事"围剿"和文化"围剿"。军事"围剿"的结果的东西，是红军的北上抗日；文化"围剿"的结果是1935年"一二·九"青年革命运动的爆发。这一时期的斗争，在革命方面，坚持了人民大众反帝反封建的新民主主义和新三民主义。

原文中这样写道：第三个时期是1927年至1937年的新的革命时期。因为在前一时期的末期，革命营垒中发生了变化，中国大资产阶级转到了帝国主义和封建势力的反革命营垒，民族资产阶级也附和了大资产阶级，革命营垒中原有的四个阶级，这时剩下了三个，剩下了无产阶级、农民阶级和其他小资产阶级（包括革命知识分子），所以这时候，中国革命就不得不进入一个新的时期，而由中国共产党单独地领导群众进行这个革命。这一时期，是一方面反革命的"围剿"，又一方面革命深入的时期。这时有两种反革命的"围剿"：军事"围剿"和文化"围剿"。也有两种革命深入：农村革命深入和文化革命深入。这两种"围剿"，在帝国主义策动之下，曾经动员了全中国和全世界的反革命力量，其时间延长至十年之久，其残酷是举世未有的，杀戮了几十万共产党员和青年学生，摧残了几百万工人农民。从当事者看来，似乎以为共产主义和共产党是一定可以"剿尽杀绝"的了。但结果却相反，两种"围剿"都惨败了。作为军事"围剿"的结果的东西，是红军的北上抗日；作为文化

"围剿"的结果的东西，是一九三五年"一二·九"青年革命运动①的爆发。而作为这两种"围剿"之共同结果的东西，则是全国人民的觉悟。这三者都是积极的结果。其中最奇怪的，是共产党在国民党统治区域内的一切文化机关中处于毫无抵抗力的地位，为什么文化"围剿"也一败涂地了？这还不可以深长思之吗？而共产主义者的鲁迅，却正在这一"围剿"中成了中国文化革命的伟人。

反革命"围剿"的消极的结果，则是日本帝国主义打进来了。这就是为什么全国人民至今还是非常痛恨那十年反共的最大原因。这一时期的斗争，在革命方面，是坚持了人民大众反帝反封建的新民主主义和新三民主义；在反革命方面，则是在帝国主义指挥下的地主阶级和大资产阶级联盟的专制主义。这种专制主义，在政治上，在文化上，腰斩了孙中山的三大政策，腰斩了他的新三民主义，造成了中华民族的深重的灾难。

第四个时期是 1937 年到 1940 的三年，就是已经开始的抗日战争时期。这一时期实现了四个阶段的统一战线，范围也更放大了，上层阶级包括了很多统治者，中层阶级包括了民族资产阶级和小资产阶级，下层包括了一切无产者，全国各阶层都成了盟员，坚决反抗日本帝国主义。但是在武汉失陷以后，政治情况发生了许多变化。

原文中这样写道：

第四个时期就是现在的抗日战争时期。在中国革命的曲线运动

---

①　"一二·九"运动，又称"一二·九"抗日救亡运动，是指发生在 1935 年 12 月 9 日中国青年发起的反分裂、反割据，要求保全中国领土完整的爱国运动。"一二·九"运动公开揭露了日本帝国主义侵略中国，并吞华北的阴谋，打击了国民党政府的妥协投降政策，大大地促进了中国人民的觉醒。它配合了红军北上抗日，促进了国内和平和对日抗战。它标志着中国人民抗日民主运动新高潮的到来。

中，又来了一次四个阶级的统一战线，但是范围更放大了，上层阶级包括了很多统治者，中层阶级包括了民族资产阶级和小资产阶级，下层阶级包括了一切无产者，全国各阶层都成了盟员，坚决地反抗了日本帝国主义。这个时期的第一阶段，是在武汉失陷以前。这时全国各方面是欣欣向荣的，政治上有民主化的趋势，文化上有较普遍的动员。武汉失陷以后，为第二阶段，政治情况发生了许多变化，大资产阶级的一部分，投降了敌人，其另一部分也想早日结束抗战。在文化方面，反映这种情况，就出现了叶青、张君劢等人的反动和言论出版的不自由。

这四个时期的划分大致勾勒出 1919—1940 年的中国革命的统一战线和文化革命演进的过程。

以上四个时期的划分大致勾勒出了 1919 - 1940 年中国革命的统一战线和文化革命演进的过程。鉴于文化与政治、经济的紧密相联，毛泽东作为政治领袖理所当然地要关注文化革命与革命文化的建设。这种关注与他个人的经历和思想素养分不开。

毛泽东自青年时代起就关注中国及世界文化的发展，他少年时期接受了 7 年旧学（读五经四书）教育，继而接受了 6 年新学教育，初步学习掌握了近代文化知识如数学、物理、生物以及历史、地理等知识。毛泽东生活的时代，中国正处于外患内忧之中，一些启蒙救亡的书刊如郑观应[①]的《盛世危言》（1893 年）、康有为主张变法的书和梁启超主编的《新民丛报》等促使他忧虑中国的兴亡，反思

---

① 郑观应（1842 - 1922），原名官应，字正翔，号陶斋，又号居易、杞忧生，别号待鹤山人或罗浮偫鹤山人。广东香山县（今中山市）三乡雍陌人。中国近代著名文学家、思想家和实业家。他是中国近代最早具有完整维新思想体系的理论家，揭开民主与科学序幕的启蒙思想家，也是实业家、教育家、文学家、慈善家和热忱的爱国者。

中国当时的思想文化。

　　1917 年 8 月，毛泽东在致老师黎锦熙①的信中重点讨论了社会改造和文化改造诸事。他认为：社会之组织极复杂，而又有数千年之历史，民智污塞，开通为难。欲动天下者，当动天下之心。动其心者，当具有大本之源。"夫本源者，宇宙之真理。""今吾以大本大源为号召，天下之心其有不动者乎？天下之心皆动，天下之事有不能为者乎？天下之事可为，国家有不富强幸福者乎？""故愚以为，当今之世，宜有大气量人，从哲学、伦理学入手，改造哲学，改造伦理学，根本上变换全国之思想。"他还引证杨怀中先生的话说："日本某君以东方思想均不切于实际生活。诚哉其言！吾意即西方思想亦未必尽是，几多之部分，亦应与东方思想同时改造也。"可见，青年毛泽东此时就放眼全球，有同时改造东西方文化的远大志向。

　　毛泽东改造旧文化的重心当然放在中国。1919 年五四运动开始以后，他即积极投身其中。1920 年毛泽东在北京读了《共产党宣言》（部分译文）以及有关俄国革命的书籍后，便致力于传播马克思列宁主义新文化，典型的事例是在长沙创办文化书社。在 1920 年11 月《大公报》②刊登的"文化书社通告好学诸君"书目中，就有《马格斯资本论入门》《社会主义史》，以及《罗素政治理想》《达尔

---

　　①　黎锦熙（1890—1978）字劭西，湖南湘潭人。著名语言文字学家、词典编纂家、文字改革家、教育家。曾任北京师范大学教授、文学院院长、教务长、校长。中国科学院哲学社会科学部学部委员。

　　②　大公报，是中国发行时间最长的中文报纸之一，1902 年 6 月 17 日在天津法租界首次出版，其创办人是英敛之。1936 年 4 月 10 日上海版发刊，1966 年 9 月 10 日停刊。版本包括泰兴《大公报》香港《大公报》天津《大公报》上海《大公报》。中华人民共和国成立后，《大公报》重庆版、上海版先后停刊。天津版改名《进步日报》，后又恢复原名，迁至北京，主要报导财政经济和国际问题，1966 年 9 月 10 日停刊。香港版出版至今。

文物种原始》《新青年》等出版物 212 种。在《发起文化书社》中，毛泽东这样指出："澈底些说吧，不但湖南，全中国一样尚没有新文化。全世界一样尚没有新文化。一枝新文化小花，发现在北冰洋岸的俄罗斯。"所以，"我们一种责任"是"如何可使世界发生一种新文化，而从我们住居的附近没有新文化的湖南做起。"因此，文化书社的同人便设立文化书社以传播包括社会主义在内的新文化。

毛泽东传播新文化不仅注重面向知识阶层，更注重面向基层大众。1917 年还在湖南第一师范求学时期，毛泽东就积极从事工人夜学的教学工作，让工人掌握知识文化。在国共合作的大革命时期，毛泽东 1925 年回故乡韶山养病时，曾发动进步教师利用原来的公立学校、祠堂创办起农民夜校。1926 年，身为国民党候补中央执行委员的毛泽东，在国民党设在广州的第五届农民运动讲习所讲过中国社会各阶级的分析和农民运动等课，并任第六届农民运动讲习所所长，为来自全国 20 个省区的学员讲课。1927 年三四月间，毛泽东作为全国农协临时执行委员会常务委员，在武昌参与开办国民党中央农民运动讲习所并出席农讲所开学典礼。当时这些讲习所在宣讲革命理论的同时，亦为学员补习文化知识。

在创立井冈山革命根据地和中央苏区革命根据地的过程中，毛泽东既注重对革命军队的思想、政治教育和文化知识教育，亦注重对苏区广大革命群众的思想、政治教育和文化知识教育。1929 年，毛泽东在《关于纠正党内的错误思想》的决议中，提出中国的红军是一个执行革命的政治任务的武装集团，红军"除了打仗消灭敌人军事力量之外，还要负担宣传群众，组织群众，武装群众，帮助群众建立革命政权以至于建立共产党的组织等项重大的任务"。中央苏区形成后，文化建设更是得到重视。中央苏区各政府机关、苏维埃政府所辖的广大乡村都设立了俱乐部或列宁室，并推行普及小学教育。1934 年 1 月，身为中华苏维埃共和国临时中央政府主席的毛泽东，在《中华苏维埃共和国中央执行委员会与人民委员会对第二次全国苏维埃代表大会的报告》中指出："苏维埃文化教育的总方针在什么地方呢？在于以共产主义的精神来教育广大的劳苦民众，在于使文化教育为革命战争与阶级斗争服务，在于使教育与劳动联系起来。苏维埃文化建设的中心任务是什么？是厉行全部的义务教育，是发展广泛的社会教育，是努力扫除文盲，是创造大批领导斗争的高级干部。"与此同时，苏维埃临时中央政府专门颁布了《苏维埃教育法规》。此外，一大批政治宣传刊物如《青年实话》《红色中华》等也创办起来。

毛泽东自青年时代开始的新文化建设实践，特别是创立革命根据地的新文化建设实践，为他提出新民主主义文化的理论提供了厚实基础。应当指出的是，毛泽东在国民革命时期投身国共合作，有宣传新三民主义的丰富经验。他在国民党内担任重要领导职务——除出任国民党候补中央执委外，还于 1925 年 10 月起担任国民党宣传部代理部长。尽管这时他已坚定"信仰共产主义，主张无产阶级的社会革命"，然而在现实中他拥护并"实行中国国民党之三民主义"，对国民革命加以热烈宣传。对孙中山的三民主义和联俄、联共、扶助农工的新三民主义政策的熟悉，使得毛泽东在抗日战争期间对蒋介石背叛、歪曲利用三民主义，实行文化专制能够坚决抵制，并在较为系统研究马克思列宁主义的基础上提出新民主主义理论，创立新民主主义文化。毛泽东之所以能够实现这种超越，在于他的思想立场无比坚定。1936 年，他曾对美国记者斯诺这样说："我一旦接受了马克思主义是对历史的正确解释以后，我对马克思主义的信仰就没有动摇过。"正因为毛泽东有坚定的思想立场，又长期投身并领导革命和革命文化的建设，当中国的抗日战争遭遇危机，反抗战、反团结、反进步的思想泛滥，尤其是反社会主义的思想泛滥时，他就需要并且能够清楚说明共产党人的新民主主义政治主张和文化主张。正如他指出的："为了克服这种危机，必须同一切反抗战、反团结、反进步的思想进行坚决的斗争，不击破这些反动思想，抗战的胜利是无望的。"

（十四）　文化性质问题上的偏向

这是《新民主主义论》的第十四部分。

在这一部分中，毛泽东强调，要坚持以共产主义思想为指导的新民主主义的文化方针，反对资产阶级的文化专制主义，防止单纯社会主义文化的片面性。

资产阶级顽固派以资产阶级专制主义为出发点，秉持资产阶级的文化专制主义，不承认人民大众的新民主主义的文化，不知道中国新时期的历史特点，这是文化专制主义。

资产阶级顽固派，在文化问题上，和他们在政权问题上一样，是完全错误的。他们不知道中国新时期的历史特点，他们不承认人民大众的新民主主义的文化。他们的出发点是资产阶级专制主义，在文化上就是资产阶级的文化专制主义。一部分所谓欧美派的文化人（我说的是一部分），他们曾经实际赞助过国民党政府的文化"剿共"，现在似乎又在赞助什么"限共""溶共"政策。他们不愿工农在政治上抬头，也不愿工农在文化上抬头。资产阶级顽固派的这条文化专制主义的路是走不通的，它同政权问题一样，没有国内国际的条件。因此，这种文化专制主义，也还是"收起"为妙。

就国民文化的方针来说，现在也还不是社会主义的，但是居于指导地位的是共产主义的思想。所以，我们应当努力在工人阶级中宣传社会主义和共产主义，并适当地有步骤地用社会主义教育农民及其他群众。新民主主义的政治、经济、文化具有社会主义的因素，但是还不是社会主义的，而是新民主主义的。同样，现时的中国新文化虽然包含社会主义文化的重大因素，但是就整个国民文化来说，还不是完全以社会主义文化的资格去参加，所以现在整个新的国民文化的内容还是新民主主义的，不是社会主义的。

新民主主义的政治、经济、文化，由于其都是无产阶级领导的缘故，就都具有社会主义的因素，并且不是普通的因素，而是起决定作用的因素。但是就整个政治情况、整个经济情况和整个文化情况说来，却还不是社会主义的，而是新民主主义的。因为在现阶段革命的基本任务主要地是反对外国的帝国主义和本国的封建主义，是资产阶级民主主义的革命，还不是以推翻资本主义为目标的社会主义的革命。就国民文化领域来说，如果以为现在的整个国民文化就是或应该是社会主义的国民文化，这是不对的。这是把共产主义思想体系的宣传，当作了当前行动纲领的实践；把用共产主义的立场和方法去观察问题、研究学问、处理工作、训练干部，当作了中国民主革命阶段上整个的国民教育和国民文化的方针。以社会主义为内容的国民文化必须是反映社会主义的政治和经济的。我们在政治上经济上有社会主义的因素，反映到我们的国民文化也有社会主义的因素；但就整个社会来说，我们现在还没有形成这种整个的社会主义的政治和经济，所以还不能有这种整个的社会主义的国民文化。由于现时的中国革命是世界无产阶级社会主义革命的一部分，因而现时的中国新文化也是世界无产阶级社会主义新文化的一部分，是它的一个伟大的同盟军；这种一部分，虽则包含社会主义文化的重大因素，但是就整个国民文化来说，还不是完全以社会主义文化的资格去参加，而是以人民大众反帝反封建的新民主主义文化的资格去参加的。由于现时中国革命不能离开中国无产阶级的领导，因而现时的中国新文化也不能离开中国无产阶级文化思想的领导，即不能离开共产主义思想的领导。但是这种领导，在现阶段是领导人民大众去作反帝反封建的政治革命和文化革命，所以现在整个新的国民文化的内容还是新民主主义的，不是社会主义的。

在现时，毫无疑义，应该扩大共产主义思想的宣传，加紧马克思列宁主义的学习，没有这种宣传和学习，不但不能引导中国革命到将来的社会主义阶段上去，而且也不能指导现时的民主革命达到胜利。但是我们既应把对于共产主义的思想体系和社会制度的宣传，同对于新民主主义的行动纲领的实践区别开来；又应把作为观察问题、研究学问、处理工作、训练干部的共产主义的理论和方法，同作为整个国民文化的新民主主义的方针区别开来。把二者混为一谈，无疑是很不适当的。

由此可知，现阶段上中国新的国民文化的内容，既不是资产阶级的文化专制主义，又不是单纯的无产阶级的社会主义，而是以无产阶级社会主义文化思想为领导的人民大众反帝反封建的新民主主义。

（十五）　民族的科学的大众的文化

这是《新民主主义论》的最后一个部分。承接前部分论述的新民主主义的文化，是以无产阶级思想即共产主义思想为领导的文化，在这部分中毛泽东则进一步阐述新民主主义文化是民族的、科学的、大众的文化。

新民主主义的文化是民族的，反对帝国主义压迫，主张坚持和维护中华民族尊严和独立，带有民族的特性的。这种文化不是孤立存在的，它是中华民族的，带有民族的特性，是以民族的形式表现出来的，要同一切别的民族的社会主义文化和新民主主义文化相结合，共同形成世界的新文化。

原文中这样写道：这种新民主主义的文化是民族的。它是反对帝国主义压迫，主张中华民族的尊严和独立的。它是我们这个民族的，带有我们民族的特性。它同一切别的民族的社会主义文化和新民主主义文化相联合，建立互相吸收和互相发展的关系，共同形成世界的新文化；但是决不能和任何别的民族的帝国主义反动文化相联合，因为我们的文化是革命的民族文化。中国应该大量吸收外国的进步文化，作为自己文化食粮的原料，这种工作过去还做得很不够。这不但是当前的社会主义文化和新民主主义文化，还有外国的古代文化，例如各资本主义国家启蒙时代的文化，凡属我们今天用得着的东西，都应该吸收。但是一切外国的东西，如同我们对于食物一样，必须经过自己的口腔咀嚼和胃肠运动，送进唾液胃液肠液，把它分解为精华和糟粕两部分，然后排泄其糟粕，吸收其精华，才能对我们的身体有益，决不能生吞活剥地毫无批判地吸收。所谓

"全盘西化"的主张，乃是一种错误的观点。形式主义地吸收外国的东西，在中国过去是吃过大亏的。中国共产主义者对于马克思主义在中国的应用也是这样，必须将马克思主义的普遍真理和中国革命的具体实践完全地恰当地统一起来，就是说，和民族的特点相结合，经过一定的民族形式，才有用处，决不能主观地公式地应用它。公式的马克思主义者，只是对于马克思主义和中国革命开玩笑，在中国革命队伍中是没有他们的位置的。中国文化应有自己的形式，这就是民族形式。民族的形式，新民主主义的内容——这就是我们今天的新文化。

中国共产主义者对于马克思主义在中国的应用，必须将马克思主义的普遍真理和中国革命的具体实践完全地恰当地统一起来。新民主主义的文化是科学的，反对一切封建思想和迷信思想，主张实事求是，主张客观真理，主张理论和实践一致的。这里强调的是科学的内容。这种文化反对一切封建思想和迷信思想，主张实事求是，主张客观真理，主张理论和实践的统一。对于中国古代文化，要有批判地吸收，要剔除其封建性的糟粕，吸收其民主性的精华。同时，要尊重中国历史的辩证发展，而不是颂古非今。

原文这样写道：这种新民主主义的文化是科学的。它是反对一切封建思想和迷信思想，主张实事求是，主张客观真理，主张理论和实践一致的。在这点上，中国无产阶级的科学思想能够和中国还有进步性的资产阶级的唯物论者和自然科学家，建立反帝反封建反迷信的统一战线；但是决不能和任何反动的唯心论建立统一战线。共产党员可以和某些唯心论者甚至宗教徒建立在政治行动上的反帝反封建的统一战线，但是决不能赞同他们的唯心论或宗教教义。中国的长期封建社会中，创造了灿烂的古代文化。清理古代文化的发展过程，剔除其封建性的糟粕，吸收其民主性的精华，是发展民族新文化提高民族自信心的必要条件；但是决不能无批判地兼收并蓄。必须将古代封建统治阶级的一切腐朽的东西和古代优秀的人民文化即多少带有民主性和革命性的东西区别开来。中国现时的新政治新经济是从古代的旧政治旧经济发展而来的，中国现时的新文化也是从古代的旧文化发展而来，因此，我们必须尊重自己的历史，决不能割断历史。但是这种尊重，是给历史以一定的科学的地位，是尊重历史的辩证法的发展，而不是颂古非今，不是赞扬任何封建的毒素。对于人民群众和青年学生，主要地不是要引导他们向后看，而是要引导他们向前看。

新民主主义的文化是大众的，即是民主的。它应为全民族中百分之九十以上的工农劳苦民众服务，并逐渐成为他们的文化。因此，是最民主的文化。革命的文化运动和实践运动都是以广大的人民群众为主体的，因此，文化工作者要接近民众。民众是革命文化的丰富源泉。

原文这样写道：这种新民主主义的文化是大众的，因而即是民主的。它应为全民族中百分之九十以上的工农劳苦民众服务，并逐渐成为他们的文化。要把教育革命干部的知识和教育革命大众的知识在程度上互相区别又互相联结起来，把提高和普及互相区别又互相联结起来。革命文化，对于人民大众，是革命的有力武器。革命文化，在革命前，是革命的思想准备；在革命中，是革命总战线中的一条必要和重要的战线。而革命的文化工作者，就是这个文化战线上的各级指挥员。"没有革命的理论，就不会有革命的运动"，可见革命的文化运动对于革命的实践运动具有何等的重要性。而这种文化运动和实践运动，都是群众的。因此，一切进步的文化工作者，在抗日战争中，应有自己的文化军队，这个军队就是人民大众。革命的文化人而不接近民众，就是"无兵司令"，他的火力就打不倒敌人。为达此目的，文字必须在一定条件下加以改革，言语必须接近民众，须知民众就是革命文化的无限丰富的源泉。

民族的科学的大众的文化，就是人民大众反帝反封建的文化，就是新民主主义的文化，就是中华民族的新文化。

新民主主义的政治、新民主主义的经济和新民主主义的文化相结合，这就是新民主主义共和国，这就是名副其实的中华民国，这就是我们要造成的新中国。

最后在全文结尾处，毛泽东热情高呼：新中国站在每个人民的面前，我们应该迎接它。新中国航船的桅顶已经冒出地平线了，我们应该拍掌欢迎它。举起你的双手吧，新中国是我们的。毛泽东不愧是一位政治家、军事家，不愧是一位才气横溢的演说家，他的高呼让人亢奋激昂，犹如黄河巨浪，催人奋进，其感染力和鼓动性非常之强。

纵观《新民主主义论》全篇，十五个部分逻辑严谨，环环相扣，毛泽东通过层层剖析，深入浅出地为我们阐述了新民主主义的完整理论，也饱含激情地描绘了新民主主义社会的蓝图。这标志着毛泽东思想的成熟，也实现了马克思主义中国化过程中的第一次飞跃，丰富和发展了马列主义有关民族和殖民地革命的理论。

三、《新民主主义论》重要内容凝练

毛泽东继承和发展马克思主义，在我国民主革命时期初步构想了从新民主主义过渡到社会主义的美好蓝图，详尽阐述了中国社会发展的历史必然，深刻分析了中国革命发展进程须分两步走的科学内涵，明确指出了在中国建设新民主主义和社会主义的正确道路。通过对本文的系统的梳理，概述出重要的六个方面内容。

第一，中国社会的性质。毛泽东曾经指出："认清中国社会的性质，就是说，认清中国的国情，乃是认清一切革命问题的基本的依据。"在本文中，毛泽东对中国社会的性质有了更深刻的认识，他说"自外国资本主义侵略中国，中国社会又逐渐地生长了资本主义因素以来，即自鸦片战争到中日战争，一百年来，中国已逐渐地变成了一个殖民地、半殖民地、半封建的社会。现在的中国，在日本占领区，是殖民地社会；在国民党统治区，基本上也还是一个半殖民地社会；而不论在日本占领区和国民党统治区，都是封建半封建制度占优势的社会。这就是现时中国社会的性质，这就是现时中国的国情。"同时毛泽东还指出这种社会的政治、经济和文化，就是殖民地半殖民地半封建的政治、经济和文化，这恰恰是我们要革除的，而我们要建立的则是中华民族的新政治、新经济与新文化，即当时中国革命的历史特点决定了中华民族的新政治、新经济与新文化，就是新民主主义的政治、经济和文化。

第二，中国革命的对象和任务。中国社会的性质决定了中国革命的对象、任务和性质。当时的中国，帝国主义和中华民族的矛盾，封建主义和人民大众的矛盾，是近代中国社会的主要矛盾。而帝国主义和中华民族的矛盾，乃是各种矛盾中的最主要的矛盾，因而中国革命的对象是帝国主义和封建主义，即中国需要进行对外推翻帝国主义压迫的民族革命和对内推翻封建地主压迫的民主革命，而最主要的任务是推翻帝国主义的民族革命。这是互相关联的两项任务。

第三，中国革命必须分两步走。新民主主义革命的一个重要特点是无产阶级的领导，那么，中国无产阶级能否从一开始就实行社会主义革命呢？毛泽东深刻分析了中国社会的政治经济状况，明确指出："中国革命的历史进程，必须分两步走，其第一步是民主主义的革命，其第二步是社会主义的革命，这是性质不同的两个革命过程。"中国革命必须分两步走，这是由中国半殖民地半封建社会性质决定的，是由中国特殊的国情决定的，即由中国社会的主要矛盾、革命的主要对象、主要任务，参加革命的力量决定的。当时的中国需要改变这个殖民地、半殖民地、半封建的社会形态，因此中国革命必须分为两个步骤。第一步，改变这个殖民地、半殖民地、半封建的社会形态，使之变成为一个独立的民主主义的社会。第二步，使革命向前发展，建立一个社会主义的社会。

毛泽东还认为，中国革命的两个阶段，既有联系又有区别。可以说？这两者之间的关系是一篇文章的上篇与下篇的关系，只有上篇做好，下篇才能做好。进一步而言，是第一个为第二个准备条件，而两个阶段必须衔接，不容横插一个资产阶级专政的阶段。但是，每个阶段都有自己的一定任务，自己的一定时间。民主主义革命是社会主义革命的必要准备，社会主义革命是民主主义革命的必然趋势。只有认清民主主义革命和社会主义革命的区别，同时又认清二者的联系，才能正确地领导中国革命。在本文中，毛泽东批评了两种"一次革命论"，一种是右的，取消革命的一次革命论，即认为中国既然处于资产阶级民主革命阶段，就应该由资产阶级来领导，无产阶级只能在将来再去领导社会主义革命；一种是左的，混淆革命的步骤，空想的一次革命论，即把民主革命同社会主义革命相混淆，急于在民主革命阶段采取一些社会主义革命的措施。公开批评这两种故意混淆两个革命阶段的"一次革命论"，是对国民党顽固派反共叫嚣的有利驳斥，也是关于中国革命的历史进程和发展规律的辩证统一的论述。

第四，提出新民主主义革命的动力和指导。毛泽东指出，在中国，谁能领导人民取得反帝反封建斗争的胜利，谁就能取得人民的信任。他逐一分析了中国社会各阶级的特点，认为：资产阶级政党不可能领导人民取得反帝反封建斗争的胜利。中国民族资产阶级的两面性决定了中国革命不能由民族资产阶级来领导。无产阶级是中国革命的领导力量。而在这种力量中，包括农民和城市小资产阶级和民族资产阶级，当然农民是主导力量。农民是中国革命的动力。中国80%的人口是农民，农民问题是中国革命的基本问题，农民是中国革命的主要力量，所以，中国革命实质上是农民革命。无产阶级领导权的中心问题，是实现无产阶级对农民的领导，结成巩固的工农联盟。城市小资产阶级和民族资产阶级也是革命的动力。城市小资产阶级是无产阶级可靠的同盟军，民族资产阶级则在一定时期和一定程度上是无产阶级的同盟军，也是革命的动力之一。究其缘由，具体是因为：其一，无产阶级具有坚定的革命性；其二，五四运动以后，中国无产阶级由于自己的成长和俄国革命的影响，已经迅速成为一个觉悟了的独立的政治力量；其三，无产阶级的先锋队中国共产党提出了打倒帝国主义的口号和中国革命的彻底的纲领，并且单独进行了土地革命，取得了广泛的支持。

第五，中国革命是世界社会主义革命的一部分。通过对时代的特点、中国社会和中国革命的性质以及中国革命在世界革命中的地位和作用的分析，毛泽东进一步论证了中国革命是无产阶级社会主义世界革命的一部分这个命题，中国革命是无产阶级领导的革命，无产阶级的领导权，革命的社会主义前途，决定了这种革命是无产阶级世界革命的一部分。此时的中国革命，就不能不变成无产阶级社会主义世界革命的一部分。十月革命后的殖民地半殖民地革命，虽然其性质仍属于资产阶级民主主义，其客观要求仍是为资本主义的发展扫清道路，但是，无产阶级的领导权，在第一阶段上建立新民主主义的社会和建立各个革命阶级联合专政的国家的目的，恰是为社会主义的发展扫清更大的道路，它的前途只能是社会主义，是无产阶级社会主义世界革命的一部分。毛泽东还认为，第一次帝国主义世界大战与第一次胜利的社会主义十月革命，改变了整个世界历史的方向，划分了整个世界历史的时代。显然，这些关于时代特点、中国国情与中国革命性质的分析，是经过了缜密思考和分析之后得出的正确的结论。

第六，提出新民主主义革命的政治、经济、文化纲领。新民主主义革命胜利后采取的国家形式，是新民主主义政治纲领的体现。毛泽东指出，在新民主主义国家的阶级构成上，无产阶级、农民，知识分子和其他小资产阶级，乃是决定国家命运的基本势力。这些阶级，或者已经觉悟，或者正在觉悟起来，他们必然要成为中华民主共和国的国家构成和政权构成的基本部分，而无产阶级则是领导的力量。现在所要建立的中华民主共和国，只能是在无产阶级领导下的一切反帝反封建的人们联合专政的民主共和国，这就是新民主主义的共和国。新民主主义革命的目的是建立一个新民主主义的共和国。这种共和国既区别于旧形式的、欧美式的、资产阶级专政的、资本主义的共和国，又区别于苏联式的、无产阶级专政的、社会主义的共和国。前者已经过时，因为国际国内的环境都不允许中国再走欧美资产阶级走过的老路——国际上帝国主义不容许，社会主义也不容许，国内人民大众不容许，共产党不容许；而后者当时还不适用于中国。因此，中国在一定历史时期中所采取的国家形式，只能是新民主主义共和国，当然在一定历史时期中所采取的国家形式，只能是过渡的形式。新民主主义共和国采取各革命阶级联合专政的国体和民主集中制的政体，这决定了其纲领也是既不同于资本主义又不同于社会主义，是新民主主义的政治、经济、文化纲领。

政治纲领：彻底推翻帝国主义和封建主义的压迫，建立一个无产阶级领导的、工农联盟为基础的、一切反帝反封建的人们联合专政的新民主主义共和国，采取各革命阶级的联合专政的国体和民主集中制的政体。无产阶级、农民、知识分子和其他小资产阶级是决定国家命运的基本力量，是国家构成和政权构成的基本部分，无产阶级则是其中的领导力量。新民主主义共和国的政权构成形式是人民代表大会制，即民主集中制，按这种形式组成的政府，才能充分发挥人民的意志，才能最有力量去反对革命的敌人。

经济纲领：第一，没收帝国主义和官僚资本主义的大银行、大工业、大商业，归国家所有；第二，没收地主土地，分配给无地和少地的农民，在土改的基础上发展合作经济；第三，保护民族工商业。新民主主义的经济由国营经济、私营经济和合作经济三部分组成，其中国营经济是社会主义的性质，是国民经济的领导力量，各种合作经济也具有社会主义因素。中国的经济一定要走"节制资本"和"平均地权"的道路，决不能是"少数人所得而私"，决不能让少数资本家和地主"操纵国计民生"。

文化纲领：新民主主义的文化，是以无产阶级思想即共产主义思想为领导的，反对帝国主义和封建主义的，民族的、科学的、大众的文化。民族的，就是说是反对帝国主义压迫，主张民族尊严和独立，带有中华民族特点的，采取中华民族形式的文化。这种文化不是孤立存在的，要同一切别的民族的社会主义文化和新民主主义文化相结合，共同形成世界的新文化。对于资本主义创造的文化，也应该本着"排除其糟粕，吸收其精华"的原则经过分解有批判地吸收。科学的，就是指这种文化反对封建思想和迷信思想，主张实事求是，主张客观真理，主张理论和实践相一致。对于传统文化要批判继承，剔除其封建性的糟粕，吸收其民主性的精华。大众的，就是说这种文化不是为少数人的，而是为90％以上的工农民众服务的，并逐渐成为他们的文化，因而这种文化也是民主的。还应看到，虽然新民主主义的文化具有社会主义的因素，但是现阶段整个国民文化的内容还是新民主主义的，不是社会主义的，因此需要作两个区分：既应把对于共产主义的思想体系和社会制度的宣传，同当前新民主主义行动纲领的实践区别开来；又应把作为观察问题、研究学问、处理工作、训练干部的共产主义的理论和方法，同作为整个国民教育和国民文化的新民主主义的方针区别开来。

此外，毛泽东在这篇文章中还再次强调了马克思主义中国化的问题，他说，"形式主义地吸收外国的东西，在中国过去是吃过大亏的。中国共产主义者对于马克思主义在中国的应用也是这样，必须将马克思主义的普遍真理和中国革命的具体实践完全地恰当地统一起来，就是说，和民族的特点相结合，经过一定的民族形式，才有用处，决不能主观地公式地应用它。公式的马克思主义者，只是对于马克思主义和中国革命开玩笑，在中国革命的队伍中是没有他们的位置的"。

《新民主主义论》是我国新民主主义革命重要的纲领性文献，是中国近百年民主革命，特别是中国共产党领导下的 20 年新民主主义革命斗争的经验总结。它的发表标志着毛泽东思想进一步系统化、理论化，是对马列主义关于民主主义革命理论的新的重要发展。

第五章　《新民主主义论》的理论意义

《新民主主义论》是把马克思主义与中国革命具体实践相结合而获得的理论创造。它的发表具有重要的理论意义和价值。

一、是毛泽东思想成熟的标志之一

毛泽东思想是以毛泽东为主要代表的中国共产党人在领导中国人民进行的革命斗争中，特别是在同国际共产主义运动中和中国共产党内盛行的把马克思主义教条化，把共产国际决议和苏联经验神圣化的错误倾向的斗争中，依据马克思主义的基本原理，对中国长期革命实践中的一系列独创性经验作了理论概括而形成起来的，是随着实践的发展而向前发展的。

中国共产党成立初期，毛泽东等已经初步表达了马克思主义应该与中国实际结合的思想，他们开始注意运用马克思主义的一般原理来分析中国社会和中国革命的实际情况，寻求进行民主革命的理论与方法。1921 年召开的中共一大，制定了消灭资本主义私有制、建立无产阶级专政和实现共产主义的奋斗目标，即最高纲领。因为那时的中国共产党成立不久，缺乏对于中国革命性质和特点的科学分析，对中国革命的一些基本问题，还不能得出比较清楚的认识。1922 年中共二大制定了党在民主革命阶段的反帝反封建纲领，在马克思主义和中国实际相结合的道路上迈出了可喜的第一步，对中国革命的基本问题有了进一步的认识和把握。尤其对中国革命的性质、对象、动力、任务、目标、前途等一系列问题作出了比较正确的分析。可是对于中国革命及任务的认识，尤其对无产阶级领导权问题，还有待进一步深化。直到 1925 年中共四大，才明确提出了无产阶级的领导权问题。这一时期，毛泽东相继发表了《中国社会各阶级的分析》《国民革命与农民运动》《湖南农民运动考察报告》等文章，比较系统的阐述了新民主主义革命的一些思想。毛泽东在《中国社会各阶级的分析》一文中运用马克思主义的观点科学地分析了中国社会各阶级的经济地位和政治态度，辨明了中国革命的对象、领导力量、同盟军等中国革命的基本问题。他指出："谁是我们的敌人？谁是我们的朋友？这个问题是革命的首要问题。"一切勾结帝国主义的军阀、官僚、买办阶级、大地主阶级以及附属于他们的一部分反动知识分子，都是我们的敌人；中国工业无产阶级是革命的领导力量；农民是中国无产阶级最广大和最忠实的同盟军；民族资产阶级是一个动摇的阶级，在对待革命的问题上有两面性，其右翼可能是我们的敌人，其左翼可能是我们的朋友，无产阶级要时常提防他们扰乱革命的阵线。毛泽东的这篇文章，提出了关于中国新民主主义革命的基本思想。毛泽东在《国民革命与农民运动》《湖南农民运动考察报告》中，系统分析了农民中的各个阶级及其对革命的态度，为正确认识农民问题起到重要作用。

从中国共产党的成立到国共合作的北伐战争时期，以毛泽东为代表的中国共产党人，运用马列主义的立场、观点和方法，开始解决中国革命的基本问题，科学地分析了中国社会各阶级的经济地位和对革命的态度，阐述了无产阶级领导农民斗争的极端重要性，提出了新民主主义革命的基本思想。这是马克思列宁主义普遍原理和中国革命具体实践相结合的开端。

中国共产党领导民主革命的第一次历史性转变时期，即从北伐战争失败到土地革命战争兴起，是毛泽东思想开始形成时期。主要表现在：以毛泽东为代表，创造了善于建立和发展红色政权[①]的理论，开辟了农村包围城市[②]、武装夺取政权的道路。在建军和建党等

---

① 在中国共产党的历史上，由无产阶级领导并建立的革命政权称为"红色政权"。其中工农武装称为"红军"，革命根据地称为"红区"。

② 是以毛泽东为代表的中国共产党人在领导中国革命实践中逐步摸索出来的一条具有中国特色的发展道路和总战略。其基本内容是，中国民主革命首先在敌人统治力量比较薄弱的农村，发动农民武装暴动，建立人民军队，建立革命根据地，把武装斗争、土地革命、建立政权结合起来，使之建成支持长期革命战争的战略基地。依托根据地积累发展革命力量，随着革命战争、人民武装和根据地的发展，逐步造成农村包围城市的战略态势，最后夺取全国胜利。

问题上，创造性地提出了一系列适合中国国情的原则。在此期间，以王明①为代表的教条主义者，否定毛泽东的正确理论与实践，坚持照抄共产国际决议和照搬苏联经验，他们的左倾错误使革命根据地和白区的革命力量遭到巨大的损失。在同"左"倾错误的艰苦斗争中，毛泽东始终坚持了马克思主义与中国革命实际相结合的原则，提出了"没有调查，就没有发言权"②等著名论断。

毛泽东思想的发展达到成熟是在土地革命战争后期和抗日战争战争时期。1935年1月召开的遵义会议③，是中国共产党历史上的重要转折点。它结束了王明"左"倾冒险主义在中央的统治地位，实现了中国共产党领导民主革命的第二次转变。毛泽东在《中国革命和中国共产党》《＜共产党人＞发刊词》《新民主主义论》等著作中，深刻地分析了中国革命的国际环境和中国的具体国情，阐明了中国社会的性质，揭示了中国革命的历史特点和基本规律，论证了中国革命必须分为新民主主义和社会主义两个阶段，并正确分析了二者的辩证关系，完整地提出和论述了新民主主义革命的理论和政策，说明新民主主义革命是无产阶级领导的以工农联盟为基础的人民大众的反帝反封建的革命。在抗日战争的伟大目标中，毛泽东引

---

① 王明（1904—1974），安徽六安人，原名陈绍禹。1926年加入中国共产党，曾任中共中央政治局委员、长江局书记等职务。1930年从苏联回国后，打着"反对立三路线"旗号，在1931年1月的六届四中全会上取得了中央领导权，至1934年间，在党内推行了一条以教条主义、媚苏亲苏为特征的"左"倾机会主义路线，对革命事业造成了极大危害。1974年3月27日王明在莫斯科病死。

② 1930年5月，毛泽东为了反对当时红军中存在的教条主义思想，专门写了《反对本本主义》一文，提出"没有调查，没有发言权"的著名论断。

③ 遵义会议是中共中央政治局的一次扩大会议，红一方面军长征途中占领了贵州遵义，于1935年1月15日至17日举行会议，地点在遵义城琵琶桥（后改名子尹路、又改称红旗路）东侧87号。会议增补毛泽东为中共中央政治局常委，形成了张闻天、周恩来、毛泽东等人的新领导集体，毛泽东恢复了对红军的指挥权。

导全党学习和研究马克思主义理论，开展意在解放思想的整风运动，系统总结中国革命的经验教训，正确认识了中国民主革命的规律，毛泽东思想发展到系统总结和多方面开展而达到成熟。

《新民主主义论》的发表，毛泽东向世人展示了中国共产党人对于当代世界形势及中国国情的清晰认识与分析，阐明了中国社会的性质，揭示了中国革命的历史特点和基本规律，论证了中国革命必须分为新民主主义和社会主义两个阶段，并正确分析了二者的辩证关系，完整地提出和论述了新民主主义革命的理论和政策，说明新民主主义革命是无产阶级领导的以工农联盟为基础的人民大众的反帝反封建的革命，制定了新民主主义革命的政治、经济、文化三大纲领，提出了统一战线、武装斗争和党的建设是中国革命的三大法宝，从而使新民主主义理论形成为完整的科学体系，这是毛泽东思想达到成熟的主要标志。

二、是马克思主义中国化的重大发展

"马克思主义中国化"这一命题，是毛泽东1938年在党的六届六中全会上所作的《论新阶段》中首次提出。马克思主义中国化，就是把马克思主义基本原理同中国实际结合起来，运用马克思主义的立场、观点、方法研究和解决中国革命、建设和改革中的问题。毛泽东指出，"没有抽象的马克思主义，只有具体的马克思主义。所谓具体的马克思主义，就是通过民族形式的马克思主义，就是把马克思主义应用到中国具体环境的具体斗争中去，而不是抽象地应用它"。

　　《新民主主义论》正是毛泽东运用马克思主义的立场、观点和方法，研究和解决中国革命实际问题的光辉典范，是马克思主义中国化的重要代表作。《新民主主义论》从分析中国半殖民地半封建社会的特殊国情和中国革命的历史特点出发，创造性地提出和全面系统地阐明了新民主主义思想，在无产阶级革命理论、国家学说、不断革命思想、革命理论和革命运动的关系等诸多方面发展了马克思主义关于资产阶级民主革命和殖民地民族民主革命的理论宝库。

　　根据马克思列宁主义关于民族殖民地问题的学说，毛泽东对中国革命的规律和特点作了最本质、最深刻的概括。毛泽东把资产阶级民主主义革命创造性地区分为旧式的资产阶级民主主义革命和新式的资产阶级民主主义革命两个历史范畴，并且认定中国现阶段的革命是属于新式的资产阶级民主主义革命的范畴。认为殖民地、半殖民地、半封建的国家和地区，由于其经济发展水平基本上还处于中世纪的状况，人民受着残酷的封建剥削和压迫，所以反封建的斗争仍然是这些地区的人民的一个根本任务，这就决定了殖民地、半殖民地、半封建的国家和地区的革命具有资产阶级民主主义革命的性质。

　　毛泽东还把殖民地人民的革命运动同世界范围的阶级斗争的全局联系起来加以考察，非常精辟地阐发了斯大林同志关于俄国十月革命的国际意义和帝国主义时代民族问题变成了世界无产阶级革命中的一部分思想，并且明确地提出，第一次世界大战和俄国十月革命是在世界范围内划分新旧两种资产阶级民主主义革命的分界线。通过对中国革命与世界革命关系问题的深入阐释，准确判断了中国革命所处的世界历史时代的方位，为中国革命指明了正确的发展方向。

马克思主义的经典作家曾描绘过人类社会发展的一般规律，即经过原始社会、奴隶社会、封建社会、资本主义社会到社会主义和共产主义社会。无产阶级革命推翻资本主义制度后进入社会主义社会，最终达到社会生产力高度发达、没有了阶级和剥削的共产主义社会。当然这是以西欧发达社会为蓝本得出的结论。

晚年的马克思把目光投向东方，认为俄国农村公社"能够不通过资本主义生产的一切可怕的波折而吸收它的一切肯定的成果"。恩格斯也认为，对于东方落后国家来说，只要吸收和借鉴资本主义制度的"一切肯定的成果"，就可以跨越资本主义的"卡夫丁峡谷[①]"而直接向社会主义过渡。苏俄十月革命后实行战时共产主义政策，实际上就是准备向共产主义直接过渡，但在实践中遇到了挫折。列宁看到了直接过渡的不可能，转而推行新经济政策，实行革命的退却，同时开始了理论上的探索。他指出："我们还处在从资本主义到社会主义过渡的最初阶段，而俄国的特点使这一过渡更加复杂，那些特点在大多数国家内是没有的。"而且，资本主义愈不发达，所需要的过渡期就愈长。列宁的探索明确了两点：一是由于俄国国情的特殊，不能直接进入社会主义，而必须有一个过渡时期；二是过渡

---

①　公元前321年，萨姆尼特人在古罗马卡夫丁城附近的卡夫丁峡谷击败了罗马军队，迫使罗马战俘从长矛架起的形似城门的"牛轭"下通过，后以"卡夫丁峡谷"比喻人们在谋求发展时遇到极大的困难挑战。马克思引用的"卡夫丁峡谷"含义，理论界一种认为是指资本主义生产发展的过程。所谓可以不通过资本主义制度的卡夫丁峡谷，就是可以超越资本主义生产发展的整个阶段，由前资本主义的生产方式直接进入以公有制为基础的社会主义生产方式阶段。另一种认为意指资本主义的社会形态。前资本主义国家在特殊的历史条件下，可以直接进入社会主义社会，不仅实现生产方式的变更，同时也实现社会制度的更新。

时期的复杂性和艰巨性。但是列宁并没有说明过渡时期是什么样的社会状态。

中国的国情既不同于西欧发达的资本主义国家，也不同于封建落后、但资本主义有所发展、有独立主权的俄国。正如毛泽东指出的："现在的中国是多了一个外国的帝国主义和一个本国的封建主义，而不是多了一个本国的资本主义。"是一个主权不完整、资本主义发展极不充分的半封建半殖民地国家，因而向社会主义过渡就更为复杂。毛泽东从中国具体的历史条件出发，分析了中国的政治、经济、文化状况和阶级结构，创造性地提出了一个新民主主义社会的构想。在他的心目中，新民主主义社会显然是一个独立的社会形态，是一个既不是资本主义也不是社会主义，既有资本主义因素又有社会主义因素的特殊的社会形态。它政治上实行工人、农民、小资产阶级和民族资产阶级的联合专政，但领导权是属于无产阶级的，工人、农民始终是这个政权的主导部分，这是无产阶级领导民主革命成功后的当然结果，也是向社会主义过渡的必需的政权保证。经济上在没收官僚资本、废除封建土地关系以后，实行国营经济为主体，国营经济、合作社经济、集体经济、私人资本主义和国家资本主义五种经济成分并存的经济结构，允许资本主义的发展，目的是发展生产力为进入社会主义创造物质条件，实质上就是利用资本主义以发展社会主义。新民主主义的文化是民族的、科学的、大众的文化，有民族的形式，更有共产主义的内容，是将来走向社会主义的意识形态的保证。新民主主义社会就是新民主主义政治、经济、文化的统一。同时，毛泽东明确指出新民主主义社会又是一个过渡性的社会形态，它"是一定历史时期的形式，因而是过渡的形式，但是不可移易的必要的形式"。它的前身是半封建半殖民地社会，它的后身是社会主义社会，它的存在就是要在无产阶级政权的条件下，利用资本主义来补上发展生产力的一课，从而为社会主义创造物质前提。即如毛泽东所说："使中国有可能在工人阶级和共产党的领导下稳步地由农业国进到工业国，由新民主主义社会进到社会主义社会和共产主义社会，消灭阶级和实现大同。"这样一种社会形态，显然是人类有史以来未有过的，也是马克思主义经典作家不曾描述过的。它是毛泽东把马克思主义应用于半封建半殖民地的中国而得出的理论创造。正是通过新民主主义社会这一中介，毛泽东为象中国这样资本主义不发达的、半封建半殖民地的落后国家走上社会主义道路提供了具体途径。经过新民主主义社会的发展，中国就可以跨越资本主义生产关系的"卡夫丁峡谷"，在生产力充分发展的基础上进入社会主义社会。即如马克思所说，不通过资本主义生产的一切可怕的波折而吸收它的一切肯定成果。反之，"没有一个新民主主义的联合统一的国家，没有新民主主义的国家经济的发展，没有私人资本主义经济和合作社的发展，没有民族的科学的大众的文化即新民主主义文化的发展，……要想在殖民地半殖民地半封建的废墟上建立起社会主义社会来，那只是完全的空想。"

三、为中国共产党领导人民取得
新民主主义革命的胜利提供了理论指南

传统马克思主义认为社会主义社会的实现，必然建立在生产力高度发达的基础上。而经济文化落后的国家如何走上社会主义社会发展道路，这是马克思主义创始人未曾回答的问题。中国共产党领导的中国革命是在经济文化落后的半殖民地半封建社会进行的，革命胜利后如何实现向社会主义道路的发展？毛泽东把马克思主义的基本原理同中国实际相结合所创立的新民主主义论，回答了这一问题。这一理论提出了崭新的社会形态——新民主主义社会，对新民主主义社会的前途、性质、地位、任务及长期性和新民主主义社会的政治、经济、文化建设等方面的理论内容进行了科学论述，为经济文化落后的中国实现社会主义发展道路指明了方向，架起了从贫穷落后的半殖民地半封建国家通向社会主义社会的桥梁，也为中国共产党领导人民取得新民主主义革命的胜利提供了理论指南。

毛泽东指出，新民主主义社会是一个既不是资本主义也不是社会主义，既有资本主义因素又有社会主义因素的特殊的社会形态。政治上实行工人、农民、小资产阶级和民族资产阶级的联合专政，但领导权是属于无产阶级的，工人、农民始终是这个政权的主导部分，这是无产阶级领导民主革命成功后的当然结果。经济上在没收官僚资本、废除封建土地关系以后，实行国营经济为主体，国营经济、合作社经济、集体经济、私人资本主义和国家资本主义五种经济成分并存的经济结构，允许资本主义的发展。新民主主义的文化是民族的、科学的、大众的文化，有民族的形式，更有共产主义的内容，是将来走向社会主义的意识形态的保证。新民主主义社会就是新民主主义政治、经济、文化的统一。它的前身是半封建半殖民地社会，它的后身是社会主义社会。新民主主义社会这些特点，决定了通过新民主主义社会的发展，我国必将顺利地过渡到社会主义社会。正如毛泽东所说，新民主主义社会必将"使中国有可能在工人阶级和共产党的领导下稳步地由农业国进到工业国，由新民主主义社会进到社会主义社会和共产主义社会，消灭阶级和实现大同"。这样一种社会形态，显然是人类有史以来未有过的，也是马克思主义经典作家不曾描述过的。它是毛泽东把马克思主义应用于半殖民地半封建的中国而得出的理论创造，为中国革命和建设指明了方向。

在中国革命的问题上，资产阶级革命派主张"毕其功于一役"，建立资产阶级专政，固然违背了中国历史发展的趋势，中国共产党的历史上也曾存在过"一次革命论""二次革命论"的错误，试图把民主革命和社会主义革命一次完成或把二者截然分开，也说明当时中国共产党人对中国革命规律的不了解。正因为如此，党的历史上多次出现"左"、右两种错误，给中国革命带来重大损失。毛泽东正确地指出了中国革命分两步进行，但两步决不是民主革命结束后即开始社会主义革命的连续进行的两步，也不是中间横插一个资产阶级专政的互无关连的两步，而是由新民主主义社会联系起来的符合中国社会发展规律的一个自然历史过程。正如毛泽东指出的那样：两个革命阶段中，第一阶段为第二阶段准备条件。而进入社会主义的条件除了民主革命造成的政权条件外，还需要新民主主义社会发展造成的社会生产力条件。新民主主义社会论的提出则正好解决了两个革命阶段的衔接即如何两步走的问题。这就不仅指明了中国革命将来的方向，更指明了近期革命应努力实现的目标。

四、创造性地提出了利用资本主义
发展社会生产力的思想

毛泽东在新民主主义论中提出了可贵的利用资本主义的思想，其主要内容有：指出了所要利用的资本主义经济的范围。认为新民主主义的资本主义不是泛指中国的一切资本主义经济，不包括官僚资本主义经济，而是特指民族资本主义经济，不是泛指任何资本主义经济，而是特指新民主主义国家制度和政权下的资本主义经济；论述了发展资本主义的作用。认为中国的资本主义不是太多了，而是太少了，应该"广大的""广泛的"发展资本主义；不能操纵国计民生的资本主义的广大发展在新民主主义政权下是无害有益的，资本主义的发展是一个进步和不可避免的过程，在革命胜利后一个相当长的时期内，还需要尽可能地利用城乡资本主义的经济以利于国民经济的向前发展；阐明了利用资本主义的程度。认为资本主义的发展不能操纵国民生计，还要被限制在有益于国计民生和国民经济的范围之内；资本主义不能广大地、无限制地发展，在宏观上对它的规模、范围和数量都是要限制的。认为新民主主义资本主义的发展受新民主主义社会经济制度的制约，处于从属地位。毛泽东新民主主义理论中的利用资本主义的思想，在我们确立关于资本主义正确认识的过程中发挥了重要的作用，是我们已经获得的关于资本主义正确认识的思想来源之一。对于现阶段我们重新认识资本主义和建设社会主义的关系具有现实的指导意义。

五、创造性地提出了新民主主义社会是
社会主义社会的必要准备阶段

毛泽东站在历史的分水岭上，从广大人民群众的现阶段反封建反帝的伟大社会实践出发，阐明了中国民主革命作为世界无产阶级革命的一部分，是区别于旧民主革命阶段，它的革命任务是无产阶级反帝反封，与新三民主义基本类似却又具备科学性和彻底性。在《新民主主义论》中关于新民主主义社会的阐述，孕育着中国特色的社会主义政治体制、经济体制和文化体制。其要点包括：中国从半殖民地半封建社会过渡到社会主义社会，必然要经历一个相当长的新民主主义社会阶段；新民主主义社会是社会主义社会的必要准备，社会主义社会是新民主主义社会的必然趋势；新民主主义社会是一个能够协调人民内部各阶级、阶层的利益关系和正确处理各种社会矛盾，使之各得其所、和谐发展的社会；新民主主义社会的国体是工人阶级领导的，以工农联盟为基础的，几个革命阶级的联合专政；新民主主义国家的政体是实行以民主集中制为组织原则的人民代表大会制度；新民主主义社会的经济形态是以国营经济为领导力量的五种经济成分并存，实行计划调节和市场调节相结合；新民主主义的文化是无产阶级领导的人民大众的反帝反封建的文化，即民族的、科学的、大众的文化。从新民主主义社会论的基本要点来看，我们不难发现，新民主主义政治结构、经济结构以及文化结构具有较大的可行性和前瞻性，符合历史发展必然，是中国人民在迷茫中正确的选择之路，也孕育着有中国特色的社会主义政治体制、经济体制

和文化体制。它们是邓小平理论最主要、最直接的思想来源，为中国特色社会主义政治、经济、文化建设提供了重要内容和主要形式。

第六章 《新民主主义论》的现实意义

《新民主主义论》所阐述的新民主主义思想，是马克思列宁主义理论在殖民地、半殖民地、半封建国家的革命运动中创造性地运用的重大成果，是马克思主义的实事求是的思想路线同敢于创新的革命精神完美地结合起来，是中国共产党人探索中国革命道路斗争历程中的科学的总结和提炼。从历史进程看，毛泽东的新民主主义政治和文化理论因战争时期并没有在全国范围内付诸实践，中华人民共和国成立后社会主义革命和建设在 1950 年代中期即已到来，中国历史上并没有形成一个新民主主义社会，但新民主主义理论在 1940 年代代表了中国先进文化发展的方向，它不但标志着毛泽东思想的成熟，开辟了马克思主义中国化的道路，也为后来中国的进步提供了理论基础和制度保障，成为激励人们永远前进的精神力量，对未来学术研究和国家建设具有重要的现实意义，对当代中国的改革实践中仍有指导意义。

一、对于我们不断提高理论创新
能力具有重要的现实意义

《新民主主义论》通过对于中国新民主主义革命一系列基本问

题的科学分析和阐述，都显示了毛泽东超强的思辨能力和创新能力。他不但澄清了党内外在中国革命问题上的错误认识，击退了国民党思想文化战线上的反共进攻，驳斥了各种妥协投降的错误主张，还统一了全党和全国人民的思想，为团结抗战和推动中国革命的向前发展提供了思想保障。

为什么会有《新民主主义论》的写作？《新民主主义》开篇第一部分就直接设问："中国向何处去？"这是抗战以来，中国人迫切想要知道和解决的问题，所以毛泽东在开篇就强调，"抗战以来，全国人民有一种欣欣向荣的气象，大家以为有了出路，愁眉锁眼的姿态为之一扫。但是近来的妥协空气，反共声浪，忽又甚嚣尘上，又把全国人民打入闷葫芦里了。特别是文化人和青年学生，感觉锐敏，首当其冲。于是怎么办，中国向何处去，又成为问题了。"

这个问题对于任何人来讲都不好解决，毛泽东运用他扎实的马克思主义理论功底，结合他丰富的实践经验，有胆识有信心地创造性地回答了这个问题，而且是层层深入、层层剥笋的方式向我们展示了他的语言和思想魅力。他对新民主主义革命的性质、时代特点，革命的领导、动力、对象、目标和革命前途等一系列关于新民主主义革命理论体系核心内容的详尽阐述，清楚揭示了中国革命的特点和规律，更加丰富和发展了新民主主义革命总路线的内容。其找到了在半殖民地半封建的、以农民为主体的中国，如何实现民主独立、人民解放，进而走向社会主义的正确的革命发展道路，为全国人民指明了革命的发展方向。他采用论战的方式，言辞犀利地针对国民党顽固派"一个主义""一个政党"的错误论调，对三民主义和共产主义、旧三民主义和新三民主义的联系与区别进行了准确的辨析，科学评价了孙中山先生的三民主义，并明确了中国共产党为之奋斗的三民主义是新三民主义，严厉驳斥了国民党顽固派所叫嚣的"反革命的三民主义，旧三民主义，伪三民主义"。他阐述了关于中国革命性质、前途、革命发展阶段等问题，也澄清了党内的错误观念，驳斥了在革命发展阶段问题上的"一次革命论"和"二次革命论"，正确解决了中国革命的发展方向问题。

历史证明，毛泽东的《新民主主义论》对于我们在新的历史条件下不断推进马克思主义中国化具有重要的现实意义。在马克思主义中国化的进程中，毛泽东做出了卓越的贡献，建立了不朽的功勋。《新民主主义论》无疑是一部具有严密的逻辑、严谨的结构和严整的体系的理论著作。它一经问世，就广受关注，影响巨大，使中国共产党为配合抗日民族统一战线的建立而在思想文化领域里发起的新启蒙运动达到了高潮。自此，《新民主主义论》理所当然地成为解放区党员、干部学习的教材，并且在传播过程中对国统区知识分子产生了思想上的影响和理论上的引导。在《新民主主义论》的影响和引导下，不但见识幼稚、感情冲动的青年学生告别徘徊而走向了革命，而且连许多过去一贯反对共产主义的国家主义者和自由主义者，由于对侵华日军罪恶行径的深恶痛绝，和对国民党统治集团腐败无能的彻底绝望，以及随着自身生活的贫困化而对下层人民苦难生活认识的逐渐加深，也发生了转变而倾向进步。

二、对于我们建设中国特色
社会主义有着重要的现实意义

　　《新民主主义论》文中写到："我们共产党人，多年以来，不但为中国的政治革命和经济革命而奋斗，而且为中国的文化革命而奋斗；一切这些的目的，在于建设一个中华民族的新社会和新国家。在这个新社会和新国家中，不但有新政治、新经济，而且有新文化"。这就是说，我们不但要把一个政治上受压迫、经济上受剥削的中国，变为一个政治上自由和经济上繁荣的中国，而且要把一个被旧文化统治因而愚昧落后的中国，变为一个被新文化统治因而文明先进的中国。一句话，我们要建立一个新中国。"由此我们可以看出，当时毛泽东所构想的新民主主义的"新中国"之所以"新"，主要就表现在政治、经济、文化方面与旧中国显著不同。建设新民主主义的共和国面临着建设新民主主义政治、新民主主义经济和新民主主义文化的艰巨任务，因此，《新民主主义论》关于新民主主义社会的建设从总体上讲是一个政治、经济、文化"三位一体"的布局结构。关于新民主主义的政治。《新民主主义论》认为新民主主义共和国的国体是"各革命阶级的联合专政"，政体是"民主集中制"。毛泽东根据当时中国社会的具体情况分析了新民主主义国家政权的构成，指出新民主主义的政府是一个中国共产党领导的多党联合政府。《新民主主义论》明确阐明了新民主主义革命胜利后建立的新中国是一个新民主主义的国家，这是对新民主主义社会性质的正确判断。关于新民主主义的经济。

《新民主主义论》对新民主主义社会的经济构成、各种经济成份在国民经济中的地位和作用都有了明确的阐述。在经济政策上提出新民主主义社会的经济一定要走"节制资本"和"平均地权"的道路，利用资本主义经济成份的有益方面逐步发展壮大国营经济，发展社会生产力。对新民主主义的国民经济构成的认识方面已经给国营经济以明确的定位，即国营经济是新民主主义国家经济的领导力量，同时允许私人资本主义经济等非公有制经济成份的存在与发展。在农村土地所有制问题上，新民主主义社会在扫除封建土地所有制关系后仍然实行土地私有，发展具有社会主义性质的农村合作经济。关于新民主主义的文化。文化革命是毛泽东一生十分关注的一个重大问题，《新民主主义论》对新民主主义文化的性质、特点、作用及在新民主主义社会建设中的重要地位进行了阐述，认为"文化革命是在观念形态上反映政治革命和经济革命，并为它们服务的"。"新的政治力量，新的经济力量，新的文化力量，都是中国的革命力量，它们是反对旧政治旧经济旧文化的"。新民主主义文化是民族的、科学的、大众的文化。《新民主主义论》最后部分指出："新民主主义的政治、新民主主义的经济和新民主主义的文化相结合，这就是新民主主义共和国，这就是名副其实的中华民国，这就是我们要造成的新中国。"至此，新民主主义社会"三位一体"的总体布局已经十分明确地提出来了，在某种程度上，可以说社会主义初级阶段论是对《新民主主义论》社会总体布局思想的继承与发展。当然，与新民主主义社会理论探索在先、实践发展在后不同，社会主义初级阶段理论是在对社会主义建设已经具有一定经验的基础上才提出来的。虽然二者都是我们党将马克思主义的普遍真理和中国革命与建设的具体实践恰当结合的成功范例，但由于两者所处的时代不同，对社会基本矛盾的认识不同，党面临的主要任务亦不相同。所以《新民主主义论》与社会主义初级阶段理论关于社会总体布局的具体内容的深刻内涵也不尽相同，但是后者是对前者的继承与发展。

三、为社会主义初级阶段的经济、政治、文化结构提供了理论参考和实践经验

在《新民主主义论》中，毛泽东关于新民主主义的社会理论以及新民主主义社会建设模式，指导了中国共产党所领导的革命根据地的新民主主义建设，为新民主主义革命在全国胜利后，在全国范围内开始的新民主主义建设，积累了宝贵经验。

为了使新民主主义共和国的方案在各抗日根据地付诸实践，也为了保证在各抗日根据地政权中的领导地位，巩固和发展抗日民族统一战线，中国共产党提出了抗日民主政权体制。1940 年 3 月，中共中央发出由毛泽东起草的《抗日根据地的政权问题》，指出"在抗日时期，我们所建立的政权的性质，是民族统一战线的"，要求在各级政权中实行"三三制"，即"在人员分配上，应规定为共产党员占三分之一，非党的左派进步分子占三分之一，不左不右的中间派占三分之一"，达到发展进步势力，争取中间势力，孤立顽固势力的目的。1941 年 2 月陕甘宁边区各级政府首先根据这一原则进行了改选，5 月 1 日《陕甘宁边区施政纲领》颁布，到 1942 年基本实现。1944 年以后，"三三制"的范围由政权机关扩

展到经济事业和文化事业机关。"三三制"政权是中国共产党在政权中同党外人士合作共事的开端，它既保证了中国共产党的领导地位，又团结了广大人民群众，争取了民族资产阶级、开明绅士和其他中间力量，孤立了反共顽固势力，为坚持抗日民族统一战线，为抗日战争的胜利创造了有利的条件。"三三制"政权的理论和实践，是新民主主义政权理论与抗日战争的具体实际相结合的伟大实践，是抗日战争时期，新民主主义政权的特殊形式。"三三制"政权的理论和实践，也为后来毛泽东人民民主专政理论的形成和发展提供了思想启迪和经验借鉴。

在新民主主义革命时期，中国共产党为了调节农民和地主富农之间的利益，领导过许多地方的农民起来减租减息。1942年1月，中共中央颁布的《关于抗日根据地土地政策的决定》，是关于减租减息的纲领性文件。它提出了抗日民族统一战线的土地政策的三条基本原则：第一，承认农民是抗日与生产的基本力量，故应实行减租减息，借以改善农民的生活，提高农民抗日与生产的积极性。第二，承认地主的大多数是有抗日要求的，故于实行减租减息之后，又须实行交租交息，以便联合地主阶级一致抗日。第三，承认富农的生产方式带有现时中国比较进步的资本主义性质，故应奖励富农生产与联合富农。但对其一部分封建性质的剥削，则须照减租息，同时实行交租交息。文件的附件规定了具体政策。第一，减租：不论何种形式的地租，其租额一般照抗战前减低25%，即"二五减租"（但在游击区及敌占点线附近可少减一点）。第二，减息：凡抗战前建立的借贷关系，应以一分半为计息标准，即"分半减息"（如付息已超过原本一倍者，停利还本，超过原本二倍者，本利停付）；抗战后的息额，则应以当地社会经济关系所许可的范围为限，听任民间自行处理。减租减息在一定程度上改善了农民的生活，既调动了他们的革命和生产的积极性，又照顾了地主、富农的利益。特别在抗日战争时期，它推动了国民党参加抗日，使解放区的地主减少了对于中国共产党发动农民抗日的阻力，是赢得抗日战争胜利的基本因素。同时，减租减息也削弱了封建剥削制度，为土地制度的改革准备了条件。

　　在文化领域，《新民主主义论》也起到了指引方向和导航的作用。抗战爆发后，党中央非常重视敌后根据地乡村文化建设事业，特别强调文化工作的宣传功能，毛泽东指出"我们要战胜敌人，首先要依靠手里拿枪的军队。但是仅仅有这种军队是不够的，我们还要有文化的军队，这是团结自己，战胜敌人不可少的一支军队"1937年7月8日，中共中央书记处指示北方局"坚决保卫平津保卫华北，提出：'不让日本帝国主义侵占中国寸土''为保卫国土流最后一滴血'等口号，动员全体爱国军队全体爱国国民抵抗日本帝国主义的进攻，在各地用宣言、传单、标语及群众会议进行宣传与组织动员"。这是党中央指导晋察冀边区开辟时期文化建设的最早方针。1938年1月10日，晋察冀地区军政民代表大会在阜平县召开，大会通过了《军事问题决议案》《政治问题决议案》《文化教育问题决议案》等，为边区政治、军事、经济和文化教育等项事业的发展制定了基本原则。1942年5月2日至5月23日，中国共产党中央邀集文艺工作者近百人，在延安召开了文艺座谈会。毛泽东亲自主持会议，并发表了著名的《在延安文艺座谈会上的讲话》，其宗旨在于解决中国无产阶级文艺发展道路上遇到的理论和实践问题，诸如党的文艺工作和党的整个工作的关系问题、文艺为什么人的问题、普及与提高的问题、内容和形式的统一问题、歌颂和暴露的问题等。讲话对上述问题一一作了剖析，提出并解决了一系列带有根本性的理论问题和政策问题，明确提出了文艺为工农兵服务的方针，强调文艺工作者必须到群众中去、到火热的斗争中去，熟悉工农兵，转变立足点，为革命事业作出积极贡献。讲话总结了五四以后中国革命文艺运动的历史经验，制定了文艺为工农兵服务的方针，解决了一系列重大的文艺理论与文艺政策问题，对促进广大文艺工作者世界观的转变、加速新文学的民族化、大众化产生了深远影响，也发展了马列主义的文艺理论。

各抗日根据地所进行的政治建设、经济建设和文化建设，是在新民主主义政治、经济、文化纲领的指导下，所开展的伟大实践。这些为各抗日根据地的巩固，为团结各抗战阶层进行抗战，最终夺取战争胜利，提供了物质保证和精神动力。同时，也为在全国范围内建立新民主主义共和国积累了宝贵经验，并为最终向社会主义社会的转变奠定了基础。

同时，毛泽东关于新民主主义的社会理论以及新民主主义社会建设模式，为社会主义初级阶段的经济、政治、文化结构提供了理论的参考和实践的经验，是值得我们在中国特色社会主义的建设中加以借鉴、吸收和发展的。尤其是在今天，现代化、民主化已成为不可阻挡的历史潮流。新民主主义论中关于争取人民民主自由的思想以及以毛泽东为代表的中国共产党人在新民主主义时期对民主、自由、人权等问题的看法和态度，认为民主、自由、人权等是人类共同创造的文明成果，并非资本主义所独有，并且结合中国实际付诸实践，对于我们今天推进政治体制改革，发展社会主义民主政治有着重要的指导作用。我们应该借鉴和吸收当年新民主主义建设的经验，继续发扬把马克思主义基本原理同中国实际和时代特征相结合进行理论创新的宝贵精神，进一步深化政治、经济、文化、社会、生态文明体制改革，积极探索和实践符合中国实际的发展规律，进一步增强中国特色社会主义的道路自信、理论自信和制度自信，不断夺取中国特色社会主义新胜利。

第三编　思源的深情与智慧

第七章　《新民主主义论》与新民主主义革命

没有哪一种思想，能如毛泽东思想在近现代中国留下如此深重的影响，它从根本上影响了历史的整个进程。标志着毛泽东思想发展和成熟的重要标志之一的《新民主主义论》，是指导中国新民主主义革命的纲领性文献。

一、《新民主主义论》区别了新旧民主主义革命

《新民主主义论》是毛泽东 1940 年 1 月 9 日在陕甘宁边区文化协会第一次代表大会上的讲演。当时抗日战争正处在相持阶段，国民党顽固派在政治上、军事上加紧反共和向我军进攻，在思想战线上则鼓吹"共产主义不适合中国国情"，企图取消中国共产党，取消

中国革命。毛泽东的《新民主主义论》运用马列主义关于殖民地半殖民地革命的学说，结合中国革命的特点和经验，全面而透辟地阐述了中国革命的性质、前途和纲领，区别了旧民主主义革命和新民主主义革命这两个不同的历史范畴，粉碎了反动派在中国建立资产阶级专政的荒谬理论。

　　文章分析了中国的社会性质、中国革命的历史特点，进一步论述了新民主主义革命的性质。毛泽东指出，半殖民地半封建的中国社会，决定了中国革命必须分两步走，第一步是民主主义革命，第二步是社会主义革命。而所谓民主主义，已不是旧民主主义，而是新民主主义了。那么，什么是新民主主义？它和旧民主主义区别在哪里？新民主主义的"新"表现在：一是革命阵线不同。中国的民主革命在十月革命以后，起了一个变化，它已不再是旧的世界资产阶级革命的一部分，而是属于世界无产阶级社会主义革命的一部分。二是领导阶级不同。旧民主主义革命是资产阶级领导的，新民主主义革命则是由无产阶级领导的。三是前途不同。旧民主主义革命是以建立资本主义社会和资产阶级专政国家为目的的，新民主主义革命则是以建立新民主主义的社会和各革命阶级联合专政的国家为目的的，其前途是社会主义。总起来说，新民主主义革命的概念就是：无产阶级领导的、人民大众的、反帝反封建的革命，其发展前途是社会主义。

　　文章论述了中国革命的历史进程和发展规律，指出了中国革命必须分民主主义革命和社会主义革命两步走，民主主义革命和社会主义革命两个阶段是互相区别又互相联系的，民主革命是社会主义革命的必要准备，社会主义革命是民主革命的必然趋势；批判了

"一次革命论""资产阶级专政论"，驳斥了顽固派。

所谓"一次革命论"或"毕其功于一役"，意思是说把民主革命和社会主义革命放在一起完成。这种论调是错误的。半殖民地半封建的中国革命的任务，首先是反帝反封建，这个任务没有完成以前，社会主义是谈不到的。

如果把只能在另一个时间完成的任务，例如社会主义的任务，合并在民主革命中去完成，这就混淆了革命的步骤，降低了对于当前任务的努力，是很有害的。

当然，国民党顽固派鼓吹"一次革命论"完全是别有用心的。

所以毛泽东指出："'一次革命论者'，不要革命论也，这就是问题的本质。"又说：他们"用这种'理论'，起劲地反对共产主义和共产党，反对八路军①、新四军②和陕甘宁边区③。其目的，是想根本消灭任何革命。"毛泽东在驳斥顽固派关于"把共产主义收起"的狂妄叫嚣时指出，共产主义是无产阶级整个思想体系，又是一种

---

① 八路军全称"国民革命军第八路军"，中国人民解放军的前身，1937 年 8 月 25 日由中国共产党领导的中国工农红军第一、二、四方面军（4.6 万人）改编而来，朱德、彭德怀时任正、副总指挥。八路军曾参加过的主要战役有平型关战役、太原会战、百团大战等。

② 国民革命军陆军新编第四军，简称新四军，是第二次国共合作期间由第五次反围剿失败后留在南方八省进行游击战争的中国工农红军和游击队改编的军队。抗战结束后，新四军番号继续被沿用到 1947 年 2 月才撤销，原新四军部队主力除第 3 师（黄克诚部）开赴东北加入东北野战军，第 5 师（李先念部）改编为中原军区外，其余主力改编为华东野战军，1949 年 1 月改称第三野战军。

③ 陕甘宁边区是 1937 年至 1949 年之间，在中华民国内的一个行政区域。边区东靠黄河，北起长城，西接六盘山脉，南临泾水，南北长近 500 千米，东西宽约 400 千米。辖有延安、绥德、三边、关中和陇东 5 个分区，20 余县，约 150 万人，面积近 13 万平方千米。包括陕西北部，甘肃东部和宁夏的部分区域，是中国共产党的根据地，抗战时期是国民政府行政院的直辖行政区，解放战争开始后被蒋介石政府宣布为非法叛乱区域。

新的社会制度。这种思想体系和社会制度，是最完全最进步最革命最合理的，"正以排山倒海之势，雷霆万钧之力，磅礴于全世界，而葆其美妙之青春。"共产主义、社会主义作为一种社会制度是我们将来要实现的目标。共产主义作为一种思想体系，则是指导我们整个中国革命运动的。就是说，新民主主义革命和社会主义革命都是共产主义思想指导下的一个革命阶段。中国的民主革命没有共产主义去指导是决不能成功的，更不用说社会主义革命了。所以，毛泽东说，共产主义是"收起"不得的，一收起，中国就会亡国。顽固派叫嚣"收起"共产主义，其根本在于，他们反对革命，他们要的是资产阶级专制主义、法西斯主义。

混淆两个革命阶段，"毕其功于一役"的"一次革命论"是错误的，把两个革命阶段断然分开，横插一个资产阶级专政的论调也是错误的。毛泽东指出，在中国，资产阶级专政的道路走不通。为什么？这是因为当时的国际国内环境都不容许中国这样做。具体说，就是帝国主义不容许。帝国主义要把中国变为殖民地，不让中国独立地发展自己的资本主义，反对中国独立，中国近代史上的革命，都是被帝国主义绞杀的。特别是在抗日战争时期，一个强大的日本帝国主义打了进来，更是不容许中国独立地发展自己的资本主义。在国内，国民党代表的大地主大资产阶级也不容许，大地主大资产阶级是帝国主义的走狗，他们依靠帝国主义的支持，建立了大地主大资产阶级的一党专政，而且千方百计加强这个专政。人民也不容许中国走资产阶级专政的道路。这是因为在中国，无产阶级、农民、知识分子和其他小资产阶级，是决定国家命运的基本势力。这些阶级，或者已经觉悟，或者正在觉悟起来。

他们在无产阶级及共产党的领导下，为彻底战胜帝国主义及其走狗而斗争，他们也决不容许在革命胜利后建立一个资产阶级专政。而民族资产阶级本身又是软弱的，不能单独对抗强大的内外敌人。要战胜帝国主义及其走狗，必须依靠人民。而靠人民取得胜利后，又一脚把人民踢开，由资产阶级独占胜利果实，建立资产阶级专政的资本主义社会，人民是不答应的。总之，当时的国际国内情况决定了资产阶级专政的道路走不通，在中国的民主革命和社会主义革命之间不能横插一个资产阶级专政。

二、新民主主义革命中孕育了《新民主主义论》

新民主主义革命，是由中国共产党领导人毛泽东创造的一个历史阶段概念，指从 1919 年五四运动到 1949 年中华人民共和国成立为止的一段时间内，由中国共产党领导的，针对帝国主义、封建主义、官僚资本主义（也就是俗称的"三座大山"）的资产阶级民主革命。应该说，《新民主主义论》是在新民主主义革命的过程中孕育产生的。其中，1840 – 1919 年称为旧民主主义革命时期，其间所有的革命都是由小资产阶级或资产阶级领导的。1919 – 1949 年称为新民主主义革命时期，其间的革命是无产阶级及其政党领导的。可见，新、旧民主主义革命区别的最根本标志是领导阶级是谁，领导权掌握在谁的手中。

新民主主义革命是无产阶级领导的，但是这个革命不是无产阶级社会主义革命，因为新民主主义革命是指无产阶级领导的、人民大众的、反对帝国主义、封建主义和官僚资本主义的革命，说它是新式的特殊的资产阶级民主革命，简称"民主革命"。

1925 年 1 月，党的四大提出的关于无产阶级在国民革命中的领导权思想，特别是毛泽东《中国社会各阶级的分析》[①] 一文的发表，为新民主主义革命理论的形成奠定了思想基础。之后，经过 10 年土地革命，在抗日战争时期，总结中国革命的实践经验，毛泽东对无产阶级领导民主革命的可能性、必要性和历史必然性作了全面的论述，系统地阐明了新民主主义革命的理论。1939 年 5 月，在延安青年群众举行的五四运动 20 周年纪念会上，毛泽东在《青年运动的方向》[②] 的讲演中，使用了"我们中国反对帝国主义和封建主义的人民民主革命"的提法。1939 年，毛泽东在《中国革命和中国共产党》一文中，首次明确提出了"新民主主义革命"这个科学概念，从理论和实践的结合上对新民主主义革命的对象、任务、性质、动力和前途等问题，作了全面而深刻的论述，并把新民主主义革命概

---

① 毛泽东 1925 年冬为反对当时中国共产党内存在的两种倾向而写了《中国社会各阶级的分析》一文，最初刊登在同年 12 月 1 日出版的《革命》半月刊上，后整理编入《毛泽东选集》。文章针对大革命时期中国共产党党内存在着的右的和"左"的两种错误倾向，强调了分清敌友对于革命事业的重要意义，指出分清敌友"是革命的首要问题"，"我们的革命要有不领错路和一定成功的把握，不可不注意团结我们的真正的朋友，以攻击我们的真正的敌人"。文章运用历史唯物主义原理，具体地分析了中国社会各阶级、阶层的经济地位、由经济地位决定的对待革命的不同态度、各阶级的相互关系等，从而回答了中国革命的对象、动力、性质和前途等一系列根本问题。文章指出："一切勾结帝国主义的军阀、官僚、买办阶级、大地主阶级以及附属于他们的一部分反动知识界，是我们的敌人。工业无产阶级是我们革命的领导力量。一切半无产阶级、小资产阶级是我们最接近的朋友，那动摇不定的中产阶级，其右翼可能是我们的敌人，其左翼可能是我们的朋友——但我们要时常提防他们，不要让他们扰乱了我们的阵线。"文章奠定了中国新民主主义革命总路线的理论基础，是毛泽东哲学思想开始萌芽的显著标志之一。

② 《青年运动的方向》是毛泽东 1939 年 5 月 4 日在延安青年群众的五四运动 20 周年纪念会上的讲演，曾刊载于当年 6 月 1 日出版的《中国青年》第 1 期，编入《毛泽东选集》时题为现名。

括为"无产阶级领导之下的人民大众的反帝反封建的革命"。

到1940年1月，毛泽东在《新民主主义论》中阐述了这个基本观点：中国革命分为民主主义革命和社会主义革命两步，这是性质不同的两个革命过程；中国的民主革命，以"五四"运动为标志，分为旧民主主义革命和新民主主义义革命两个阶段。前者是资产阶级领导的，以建立资本主义社会和资产阶级专政的国家为目的，后者是无产阶级领导的，以建立新民主主义社会和各革命阶级联合专政的国家为目的；世界革命有两种：以第一次世界大战和苏联十月革命为标志，在此以前是旧的资产阶级世界革命，在此以后是新的无产阶级社会主义世界革命；在革命的阵线上，中国的旧民主主义革命是旧的资产阶级世界革命的一部分，中国的新民主主义革命则是无产阶级社会主义世界革命的一部分。

当然我们也不能回避的是毛泽东的认识也是在实践中不断修正和完善的，所以才有了后来他对《新民主主义论》的多次修改，《新民主主义论》只是他思想成熟的重要标志，并不代表他的思想成熟到顶峰，他的思想也是在新民主主义革命时期不断向前发展的。

比如在1948年《在晋绥干部会议上的讲话》①，毛泽东第一次全面、系统地提出了新民主主义革命的总路线和总政策，即"无产阶级领导的，人民大众的，反对帝国主义、封建主义和官僚资本主义的革命"。这是新民主主义革命总路线完整的科学表述。这是在《新

---

① 1948年4月，毛泽东《在晋绥干部会议上的讲话》中，完整地提出了中国共产党的新民主主义革命的总路线。这就是：无产阶级领导的，人民大众的，反对帝国主义、封建主义和官僚资本主义的革命。这条总路线正确地解决了新民主主义革命的对象、动力、领导力量、性质与前途等一系列基本问题，丰富和发展了马克思列宁主义关于民主革命的学说。

民主主义论》中我们不可能看到的。这条总路线包含了以下方面的内容：一是革命的目标。新民主主义革命的直接目标是改变买办的封建的生产关系以及腐朽的政治上层建筑。它的根本目标是解放和发展生产力。二是革命的对象。新民主主义革命的对象是帝国主义、封建主义、官僚资本主义。三是革命的动力。新民主主义革命的动力包括工人、农民、小资产阶级和民族资产阶级。四是领导力量。新民主主义革命必须由无产阶级及其政党——中国共产党领导。五是革命的具体步骤。基于近代中国半殖民地半封建的社会性质，中国革命必须分两步走：第一步，改变半殖民地半封建的社会形态，使中国成为一个独立的新民主主义国家；第二步，使革命向前发展，建立一个社会主义社会。新民主主义革命总路线是马克思列宁主义的普遍原理与中国革命具体实践相结合的产物，为党的各项工作确立了总的指导方针。在这条路线的指引下，中国共产党取得了新民主主义革命的伟大胜利，并为从新民主主义到社会主义的转变创造了必要的前提和条件。

三、《新民主主义论》对新民主主义革命
起到了一定的指导作用

《新民主主义论》这篇著作，是马列主义普遍真理同中国革命具体实践相结合的伟大成果，它科学总结了鸦片战争以后，特别是共产党成立以后中国革命的经验教训，深刻论述了中国民主革命发展的基本规律，第一次旗帜鲜明地提出了新民主主义的完整理论，描绘了新民主主义社会的蓝图，实现了马克思主义中国化过程中的

一次飞跃。《新民主主义论》不但指导中国共产党和中国人民取得了抗日战争的胜利，取得了解放战争的胜利，最终还建立了新中国。

革命发展并不是一帆风顺的，曾出现过许多错误的观念，经历过一个曲折过程。以陈独秀为代表的右倾机会主义认为现阶段中国革命既然是资产阶级民主革命，就应由资产阶级领导并让"资产阶级握得政权"，无产阶级只能站在消极帮助的地位，充当资产阶级的助手，即在革命中"获得若干自由及扩大自己能力之机会"，等资产阶级共和国成立，资本主义经济有了进一步发展后，无产阶级再来进行推翻资产阶级共和国的第二次革命。这就是所谓的"二次革命论"，它的实质就是否定中国共产党对资产阶级民主革命的领导权，否定工农联盟的可能性及其伟大作用，把资产阶级民主革命与无产阶级社会主义革命截然分开。这在客观上迎合和助长了国民党右派企图篡夺革命领导权的阴谋，也致使陈独秀在第一次国内战争后期犯了右倾投降主义错误，使党和革命在国民党右派势力的突然袭击下遭到惨重失败，已经发展到 6 万多党员的党只剩下 1 万多党员。

毛泽东在《新民主主义论》驳斥了"一次革命论"。"一次革命论"分为"左"和"右"两种。所谓"右"是：国民党顽固派及其追随者故意混淆民主革命和社会主义革命两个不同的革命阶段，企图将什么革命都包括在三民主义里面，认为共产主义失去了存在的理由。他们的目的是要根本消灭任何革命，反对彻底的资产阶级民主革命，分裂抗日民族统一战线，为投降日本帝国主义作舆论上的准备。毛泽东指出，日本帝国主义在占领武汉后，知道单用武力不能屈服中国，乃着手于政治进攻和经济引诱。所谓政治进攻，就是在抗日阵线中诱惑动摇分子，分裂统一战线，破坏国共合作。所谓经济引诱，就是所谓"合办实业"。这样，一些资本家就开始见利忘义，跑去投降日本帝国主义。所谓"左"是：中国共产党内一部分具有"左"倾错误思想的人所主张的"左倾"冒险主义，一次革命论者不懂得马克思主义的不断革命论和革命发展阶段论，不知革命有阶段之分，将民主革命和社会主义革命混为一谈，主张将两个不同阶段的革命并作一步走，主张在反对帝国主义、封建主义的同时，反对资产阶级和资本主义，在民主革命时期，同时完成社会主义革命的任务，"举政治革命与社会革命毕其功于一役"。这种观点的代表人物有瞿秋白、李立三和王明。这就降低了对于当前任务的努力，必然会造成政治上的盲动主义、组织上的关门主义和军事上的冒险主义，对革命危害极大。

毛泽东清楚地认识到现在的革命是第一步，将来要发展到第二步，发展到社会主义。但是现在还不是实行社会主义的时候。中国现在的革命任务是反帝反封建的任务，这个任务没有完成以前，社会主义是谈不到的。中国革命不能不做两步走，第一步是新民主主义，第二步才是社会主义。而且第一步的时间是相当地长，决不是一朝一夕所能成就的。我们不是空想家，我们不能离开当前的实际条件。

毛泽东在《新民主主义论》中遵循中国革命的发展规律，指出民主革命与社会主义革命各有自己不同的任务，这些为资本主义的发展扫清了道路，为社会主义的发展扫清了道路，也对接下来的新民主主义革命起到了一定的指导作用。

第八章　《新民主主义论》与新中国的建立

在《新民主主义论》的结尾，毛泽东满怀豪情地写道："新民主主义的政治、新民主主义的经济和新民主主义的文化相结合，这就是新民主主义共和国，这就是名副其实的中华民国，这就是我们要造成的新中国。新中国站在每个人民的面前，我们应该迎接它。新中国航船的桅顶已经冒出地平线了，我们应该拍掌欢迎它。举起你的双手吧，新中国是我们的。"这个让人们热烈欢迎、憧憬的新中国，就是新民主主义的新中国，追求的是政治自由、经济繁荣、文化文明先进等目标和价值。毛泽东在这里描绘的新中国的蓝图，对于此后的中国革命和建设产生了深远的影响。

一、《新民主主义论》中关于新中国宏伟蓝图的描绘

当1940年中国人民抗日战争烽烟正浓的时候，谁也没有想到毛泽东会在《新民主主义论》中为所有的中国人描绘了一个宏伟的蓝图，那就是——"我们要建立一个新中国"。《新民主主义论》是毛泽东系统总结中国革命经验、系统阐述未来社会理想的重要文献，深含着对未来社会理想的憧憬和规划。这个憧憬和规划彰显了毛泽东作为中国近代以来伟大的爱国者和民族英雄，领导中国人民彻底改变自己命运和国家面貌的自信、勇气与胆识。以毛泽东为代表的

中国共产党人为中国新民主主义革命的胜利、社会主义革命的成功和社会主义建设的开展，为实现中华民族的独立和振兴，为中国人民的解放和幸福，为实现伟大的"中国梦"，做出了彪炳史册的贡献。

毛泽东在《新民主主义论》中对新民主主义社会政治、经济、文化的论述是对未来的新中国进行的深刻思考与描绘。《新民主主义论》文中写到："我们共产党人，多年以来，不但为中国的政治革命和经济革命而奋斗，而且为中国的文化革命而奋斗；一切这些的目的，在于建设一个中华民族的新社会和新国家。在这个新社会和新国家中，不但有新政治、新经济，而且有新文化。由此我们可以看出，当时毛泽东所构想的新民主主义的"新中国"之所以"新"，主要就表现在政治、经济、文化方面与旧中国显著不同。建设新民主主义的共和国面临着建设新民主主义政治、新民主主义经济和新民主主义文化的艰巨任务。

具体说来，《新民主主义论》中认为新民主主义共和国的国体是"各革命阶级的联合专政"，政体是"民主集中制"。这是毛泽东同志根据当时中国社会的具体情况分析得出的结果。《新民主主义论》明确阐明了新民主主义国家政权的构成，指出新民主主义的政府是一个中国共产党领导的多党联合政府，新民主主义革命胜利后建立的新中国是一个新民主主义的国家，这是对新民主主义社会性质的正确判断。

《新民主主义论》对新民主主义社会的经济构成、各种经济成份在国民经济中的地位和作用也有明确的阐述。在经济政策上提出新民主主义社会的经济一定要走"节制资本"和"平均地权"的道路，利用资本主义经济成份的有益方面逐步发展壮大国营经济，发展社会生产力。对新民主主义的国民经济构成的认识方面已经给国营经济以明确的定位，即国营经济是新民主主义国家经济的领导力量，同时允许私人资本主义经济等非公有制经济成份的存在与发展。在农村土地所有制问题上，新民主主义社会在扫除封建土地所有制关系后仍然实行土地私有，发展具有社会主义性质的农村合作经济。

《新民主主义论》中对新民主主义的文化更是进行了较多的论述。毛泽东认为"文化革命是在观念形态上反映政治革命和经济革命，并为它们服务的。""新的政治力量，新的经济力量，新的文化力量，都是中国的革命力量，它们是反对旧政治旧经济旧文化的。"新民主主义文化是民族的、科学的、大众的文化。

《新民主主义论》最后部分指出："新民主主义的政治、新民主主义的经济和新民主主义的文化相结合，这就是新民主主义共和国，这就是名副其实的中华民国，这就是我们要造成的新中国。"

当然，《新民主主义论》只是对新中国宏伟蓝图的描绘，这毕竟是一种立足实践的理论探索，还需要在实践发展的基础之上进行修正，但是这探索之中充满了智慧，也为后来新中国的成立已经新中国的政治、经济、文化建设等夯实了基础，留下了启示。

二、中国共产党人对新中国梦想的进一步发展完善

在《新民主主义论》中毛泽东对"真正的民主共和国"的本质内涵进行了具体而准确的描述。他提出"我们要建立一个新中国"的梦想，而且对这一梦想进行了理论阐述，并在 1940 年之后在实践

中对此进行了深入探索。

　　1945 年，毛泽东在中共七大作的《论联合政府》[①] 报告，进一步发展完善了新中国梦想的内涵。他明确地指出："为着动员和统一中国人民一切抗日力量，彻底消灭日本侵略者，并建立独立、自由、民主、统一和富强的新中国，中国人民、中国共产党和一切抗日的民主党派，迫切地需要一个互相同意的共同纲领。"他还写道"在一个半殖民地的、半封建的、分裂的中国里，要想发展工业，建设国防，福利人民，求得国家的富强，多少年来多少人做过这种梦，但是一概幻灭了。许多好心的教育家、科学家和学生们，他们埋头于自己的工作或学习，不问政治，自以为可以所学为国家服务，结果也化成了梦，一概幻灭了。这是好消息，这种幼稚的梦的幻灭，正是中国富强的起点。"这种幼稚的梦想的幻灭，意味着中华民族真正意识到要取得反帝反封建斗争的彻底胜利，必须联合各革命阶级和团结世界上一切进步力量以及"平等待我之民族"以暴力革命反抗帝国主义和封建主义的暴力统治，这就是中华民族政治上的觉醒。中华民族政治上的觉醒，标志着中华民族顺应世界发展潮流、基于中国国情、团结一致谋求民族独立和人民解放，从而实现国家富强、人民幸福的梦想的开始。这一觉醒最初表现在进入 20 世纪的头 20 年间，特别是表现在中国共产党成立前的思想启蒙和思想解放运动

---

　　① 《论联合政府》是毛泽东 1945 年 4 月 24 日在中国共产党第七次全国代表大会上所作的政治报告。报告概括了中国共产党在长期革命斗争中形成的三大作风，明确提出了新民主主义的一般纲领，并完整地制定了现阶段的具体纲领和政策，提出了"废止国民党一党专政，建立民主的联合政府"的斗争口号；强调发动农民群众，实行土地改革，同时提出准备工作重心由乡村向城市的转变，以适应新的形势需要；指出加强党的领导是争取革命胜利的关键。报告是中国共产党打败日本侵略者、建设新中国的纲领性文件，也是加强共产党自身建设的重要文献。

之中。

具体来说，在中华文明数千年发展的历史上，第一次出现并形成了现代意义上的独具中国特色的"中华民族"概念，这一概念既借用了西方对单一民族进行描述的"民族"概念，又形成了中华民族多元一体、每一个成员既属于单一民族又属于整体性的中华民族的复合型民族的表达，使中华民族成为独特的典型的复合型民族。这种中华民族整体性主体意识的觉醒，标志着近代以来中华民族从传统向现代转型的初步完成，标志着中华民族开始以全民族的力量思考和解决中国向何处去的问题。从此，中华民族的思想意识开始实现由分散向凝聚、由被动向主动的转变，实现了中华民族反帝、反封建的广泛共识。这种思想意识在实践层面的表现，是自觉接受俄国革命的影响，走武装革命的道路，并在实践中始终坚持建立最广泛的统一战线。中华民族的政治觉醒在抗日战争时期得到了更大程度的发展，形成了中华民族团结一切可以团结的力量与外来侵略者进行战略决战的历史格局。1945 年，毛泽东对中华民族政治觉醒的表达，是对辛亥革命以后特别是五四运动之后，中华民族思想意识发生深刻变化的客观描述。中华民族的政治觉醒，是毛泽东提出新中国梦想的民族心理和社会思想基础。

从中共七大到新中国成立，由于形势的快速变化，毛泽东对新中国梦想内涵的表述虽有些变化和不同，但基调一直没有偏离七大提出的核心价值目标。

1949 年 6 月，党的七届二中全会召开，全国解放的目标即将实现，新中国快速走来，就在眼前，此时新中国的理想不能再停留在价值层面上，必须具体化。在这激动人心、令人振奋的历史时刻，毛泽东对新中国的描绘既有理性务实的一面，又有按捺不住内心的澎湃、非常乐观的一面。在这一时期，毛泽东首先考虑的是建立一个什么样的具体的国家，即国体问题。这决定着新中国的性质。

1949 年 6 月 30 日，为了阐明新中国的性质、各阶级在国家中的地位及国家的内外政策和前途，同时回击国内外敌人的造谣中伤，澄清人民中对于这些问题的模糊认识，毛泽东发表了《论人民民主专政》①。在《论人民民主专政》一文指明，新中国是一个人民共和国，是实行人民民主专政的国家。"总结我们的经验，集中到一点，就是工人阶级（经过共产党）领导的以工农联盟为基础的人民民主专政。这个专政必须和国际革命力量团结一致。这就是我们的公式，这就是我们的主要经验，这就是我们的主要纲领。"这是毛泽东设计的新中国的蓝图。

除此以外，毛泽东在《论人民民主专政》一文中，还着重阐述了自己的一些观点：文章认为中国民主革命胜利后所建立的国家，只能是工人阶级领导的以工农联盟为基础的人民民主专政的共和国；文章认为在人民共和国的领导阶级是工人，因为工人阶级大公无私，富于革命的彻底性；人民民主专政的基础是工人、农民阶级和城市

---

①　1949 年 6 月 30 日，毛泽东为纪念中国共产党成立二十八周年而写的一篇论文。根据马克思主义国家学说，结合中国实际，论述了即将成立的中华人民共和国的国家性质，各阶级在国家中的地位及其相互关系，国家对内、对外政策等。人民民主专政的基本理论，驳斥了在国家政权问题上的各种错误思想和反动观点。文章指出，人民"在中国，在现阶段，是工人阶级、农民阶级、城市小资产阶级和民族资产阶级"。这些阶级在中国工人阶级的先锋队——共产党的领导下，组成自己的国家，对人民内部实行人民民主制度，对地主阶级和官僚资产阶级实行专政。二者结合，就是人民民主专政。文章总结了中国革命的基本经验之后说："我们的经验，集中到一点，就是工人阶级（经过共产党）领导的以工农联盟为基础的人民民主专政。"毛泽东关于人民民主专政的理论，对于中华人民共和国的建立和中华人民共和国宪法的制定，都具有重要的指导意义。

小资产阶级的联盟，民族资产阶级只能联合，不能依靠，更不能充当革命的领导者；文章认为人民民主专政的任务是对人民内部的民主和对反动派的专政两个方面的结合；文章认为新中国的对外政策应站在社会主义一边，反对帝国主义的侵略扩张政策。毛泽东在文章中描绘了即将建立的新中国的蓝图，系统地阐明了新中国的基本纲领，统一了全党和全国人民的思想。毛泽东的这篇文章同他在七届二中全会上所作的报告，构成了《共同纲领》的政策基础，为中华人民共和国的诞生作了思想上和理论上的准备。

毛泽东对新中国的描述，充分体现了中华民族对解放后中国社会的理想。总体来看，这种理想主要包括以下鲜明特色。一是指明了未来中国社会的价值追求和价值方向。自由、独立、民主、和平、统一、富强、平等、幸福、文明等，是中国共产党人对新中国的价值追求，规定着新中国的具体内涵，决定着新中国的社会发展方向。二是这些价值理想既是近代以来中华民族共同追求的目标，又与中华民族古老的价值理想如天下太平、大同世界等紧密联系在一起。毛泽东在《论人民民主专政》一文中说康有为写了《大同书》，但没有找到通往"大同"的路。他认为，人民共和国有可能是通往世界大同的起点，"西方资产阶级的文明，资产阶级的民主主义，资产阶级共和国的方案，在中国人民的心目中，一齐破了产。资产阶级的民主主义让位给工人阶级领导的人民民主主义，资产阶级共和国让位给人民共和国。这样就造成了一种可能性：经过人民共和国到达社会主义和共产主义，到达阶级的消灭和世界的大同"。人民共和国就是人民民主专政的国家，"以此作为条件，使中国有可能在工人阶级和共产党的领导之下稳步地由农业国进到工业国，由新民主主义社会进到社会主义社会和共产主义社会，消灭阶级和实现大同"。三是新中国梦想始终与世界的永久和平、中华民族与世界其他民族的平等紧密联系在一起。四是新中国梦想包含着未来社会两步走的基本的发展路径。第一步实现新民主主义共和国。第二步建设社会主义国家。他在七届二中全会上说："在革命胜利以后，迅速地恢复和发展生产，对付国外的帝国主义，使中国稳步地由农业国转变为工业国，把中国建设成一个伟大的社会主义国家。"随着中国革命的不断胜利特别是解放战争时期面临全国即将解放，毛泽东对建设新中国充满了信心。在《唯心历史观的破产》① 一文中乐观地说："我们相信革命能改变一切，一个人口众多、物产丰盛、生活优裕、文化昌盛的新中国，不要很久就可以到来"，"复兴中国经济"、"中国的兴盛是可以计日成功的"。从解放后的历史发展来看，新中国的建设基本上是按照毛泽东描绘的新中国蓝图进行的。这个蓝图既包括对新中国价值层面的追求，又包括对具体发展阶段的追求。应该说在新民主主义革命时期，毛泽东对新中国梦想的描述主要是对半封建半殖民地社会进行否定的结果，主要是中国共产党人团结带领人民群众进行革命斗争经验总结的结晶，主要是苏联社会主义革命和社会主义理论引领的结果，说到底，这些描绘都还是理念形态的、思想认识层面的，具象的新中国正是从这些美好的想象中走来。

---

① 美国国务院在 1949 年 8 月 5 日发表题为《美国与中国的关系》白皮书，艾奇逊在美国国务院编好白皮书之后，于 1949 年 7 月 30 日给杜鲁门写了一封信，艾奇逊在信中歪曲中国革命和中国共产党历史。艾奇逊认为，"中国之所以发生革命，一因人口太多，二因西方思想的刺激"。1949 年 9 月 16 日，毛主席为新华社写了社论《唯心历史观的破产》，从理论上驳斥了艾奇逊的谬论，阐明了"没有共产党就没有新中国"这一论断。

三、《中国人民政治协商会议共同纲领》
的通过与新中国的成立

毛泽东对新中国梦想的价值目标的探索和描述，主要是对中国共产党团结带领人民群众开展革命斗争的经验进行总结的结晶，蕴含着亿万人民群众对美好未来和新生活的热切追求和美好向往。

虽然有了前面关于新中国宏伟蓝图的描绘，有了理论指引下的实践的不断探索与修正，但是在新中国即将成立之际，我们需要为我们建立新中国，拟定一个"共同纲领"。毛泽东自然是重新为新中国绘制蓝图的总指挥。

毛泽东首先把起草共同纲领的任务，交给了中共中央统战部。中央统战部部长李维汉受命主持撰写"共同纲领"的前身——《中国人民民主革命纲领》。1948 年 10 月 27 日，《中国人民民主革命纲领（草案）》形成。周恩来在西柏坡审阅修改。《纲领》主要体现了中国共产党的新民主主义立国思想，其基本框架大多为后来的各个共同纲领稿本所吸纳。

1948 年 12 月 30 日，毛泽东在为新华社写的新年献词《将革命进行到底》中明确宣布：1949 年将要召集没有反动分子参加的以完成人民革命任务为目标的政治协商会议，宣告新中国的成立，并组成共和国的中央政府。

1949 年 1 月，毛泽东在河北西柏坡主持召开中共中央政治局会议。会议讨论通过的由毛泽东起草的决议指出："我们已经完全有把握地在全国范围内战胜国民党。""必须召集没有反动派代表参加的以完成中国人民革命任务为目标的各民主党派各人民团体的政治协商会议，宣告中华人民民主共和国的成立，组成共和国的中央政府，并通过共同纲领。"

1949年3月党的七届二中全会规定了革命在全国胜利后，党在政治、经济、外交方面应当采取的基本政策，指出了中国由农业国转变为工业国、由新民主主义社会转变为社会主义社会的发展方向。6月30日，毛泽东为纪念中国共产党成立28周年发表重要文章《论人民民主专政》。七届二中全会的决议和毛泽东的这篇文章，构成了制定《共同纲领》的理论基础和政策基础，实际上规划了建设新中国的蓝图。

1949年3月，中央统战部邀请在北平的民主人士举行茶会，李维汉①在形势报告中说：新政协要通过一个共同纲领，这个纲领是新民主主义性质的。新民主主义的国家即人民民主专政的国家，是无产阶级领导的，以工农联盟为基础的，各民主阶级、各民族的联盟，这是我们的国家制度。我们的政治制度就是毛主席说的民主集中制。经济政策是十六个字，即发展生产、繁荣经济、公私兼顾、劳资两利。文化教育政策就是要发展五四以来的新文化；要争取、团结、改造旧知识分子，培养新知识分子。此外，还要制定新民主主义的民族政策、外交政策等。

领导制定新中国立国治国的根本大法——《共同纲领》，是以毛

---

①　李维汉（1896—1984），化名罗迈，湖南长沙人，中国共产党早期主要领导人之一。李维汉1919年赴法国留学，后参与中国共产党欧洲支部的筹建工作，成为中国共产党最早的党员之一。八七会议后，李维汉一度进入中共中央政治局常委，成为主要领导人之一，建国后任中共统战部部长。1982年9月13日，出任新设立的中共中央顾问委员会副主任。主要著作有《李维汉文集》《回忆与研究》。1984年8月11日在北京逝世。

泽东为核心的第一代中央领导集体对于中华民族和中国人民的历史性贡献。毛泽东亲自领导了《共同纲领》的设计制定工作。周恩来具体负责起草工作。为此，中国人民政治协商会议筹备会，在以毛泽东为主任的常务委员会之下，设立了六个小组，分别完成开国奠基的有关重大历史任务。政治协商会议筹备会常委会第三小组，负责起草共同纲领。周恩来为组长。周恩来亲自执笔写了《共同纲领》初稿的全文，最初几稿的题目为《新民主主义纲领》，后改为《新民主主义的共同纲领》。之后又起草了第三稿，最后定名为《中国人民政治协商会议共同纲领》。毛泽东自始至终关心着纲领的起草情况，从9月3日至13日，毛泽东至少对四次草案稿、共计200余处进行了细心修改。不仅如此，他还亲自校对和督促印刷。毛泽东的政治智慧和理论成果，给"共同纲领"赋予了灵魂、精神和核心。

9月21日至30日，中国人民政治协商会议第一届全体会议在北平中南海怀仁堂举行。会上中国共产党、各民主党派和无党派民主人士对即将诞生的"共同纲领"都给予了积极的评价。刘少奇代表中国共产党指出："即将通过的《共同纲领》是总结了中国人民在近100多年来，特别是近20多年来对帝国主义、封建主义和官僚资本主义的革命斗争的经验，而制订出来的一部人民革命建国纲领。这是目前时期全国人民的大宪章，是全国人民革命大团结的坚固的政治基础。"张澜代表中国民主同盟指出："将要通过的《共同纲领》确定了新中国的政治理论和政治制度。中国今天应做的，要做的和能够做的，这个纲领都——标举出来了。……它没有高调，它更没有空想。这真是切合实际、切合人民今天需要的《共同纲领》。"

9 月 29 日，中国人民政治协商会议第一届全体会议一致通过《中国人民政治协商会议共同纲领》。《共同纲领》包括序言和总纲、政协机关、军事制度、经济政策、文化教育政策、民族政策、外交政策等七章。既明确地规定了新中国的国体、政体，又完整地规定了新中国的政治、经济、文化、教育、民族、外交等各项政策的基本原则。这一重要历史文献，被誉为一部中国人民的临时宪法。

会议发表了由毛泽东起草的《中国人民政治协商会议第一届全体会议宣言》。《宣言》说：中华人民共和国现在宣告成立。"中国人民业已有了自己的中央人民政府。这个政府将遵照共同纲领在全中国境内实施人民民主专政。它将指挥人民解放军将革命战争进行到底，消灭残余敌军，解放全国领土，完成统一中国的伟大事业。它将领导全国人民克服一切困难，进行大规模的经济建设和文化建设，扫除旧中国留下来的贫困和愚昧，逐步地改善人民的物质生活和提高人民的文化生活。""中国的历史，从此开辟了一个新的时代。"

10 月 1 日下午 2 时，毛泽东在中南海勤政殿主持召开中央人民政府委员会第一次会议，中央人民政府宣告成立。会议接受《中国人民政治协商会议共同纲领》为政府施政方针。随后，毛泽东和中央人民政府委员们，分别乘车驶向天安门，沿着城楼西侧的古砖梯道拾级而上，登上天安门城楼，参加中华人民共和国开国大典。

1949 年 10 月 1 日，中国的历史揭开了崭新的一页。新时代、新纪元开始了，占世界人口四分之一的中国人站起来了。中国人民难以忘记，开国大典的时候，毛泽东主席率领党政军群负责人和各界知名人士，云集北京天安门。他用具有鲜明特色的湖南湘潭口音向全世界庄严宣告中华人民共和国正式成立！军乐队奏响《东方红》乐曲，天安门广场上火树银花，人群鼎沸，载歌载舞，欢声雷动。中华民族的历史掀开了崭新的篇章。

第九章 《新民主主义论》与新民主主义社会理论

新民主主义革命胜利后，中国共产党人在中国革命的实践中，创造性地提出在新民主主义革命胜利后，要在中国建立新民主主义共和国，由此形成了新民主主义社会的理论。这一理论的提出标志着毛泽东关于新民主主义理论形成完整的科学体系，丰富和发展了马克思列宁主义；这一理论的提出使中国非资本主义前途的设想变为现实；这一理论的提出和实践过程无论对我们提出社会主义初级阶段理论，还是认识社会主义初级阶段理论都具有一定的启示意义。

一、新民主主义社会的理论渊源

新民主主义社会理论是毛泽东思想的核心内容，是毛泽东思想中最重要、最有新意、最有价值、最有重要现实意义的理论成果，也是最能引发人们的深思和积极讨论的理论文本。

在某种程度上，列宁主义关于"两步走"和"新经济政策"的某些思想和论述，也是新民主主义社会论的重要思想来源。毛泽东在新民主主义社会理论中，曾经多次引用过这些论述。具体说来，这些作为重要理论支点的思想片断主要包括：共产党领导下是否可以发展资本主义？这种问题对孙中山来说是不存在的，但对共产党和毛泽东来说却是非常尖锐的。在这方面，虽然列宁的"两步走"学说在整体上是与新民主主义社会论互不兼容的，但其中也包含了新民主主义社会论的若干重要萌芽。特别是其中指出："除了使资本主义向前发展以外，妄想在任何其他方面替工人阶级寻找出路，都是反动的。在俄国这样的国家里，工人阶级与其说是苦于资本主义，不如说是苦于资本主义发展得不够。因此，工人阶级和资本主义的最广泛、最自由、最迅速的发展有绝对的利害关系……要最充分地保证资本主义获得最广泛、最自由和最迅速的发展。"毛泽东在"七大"上就曾部分地引用过列宁的这段话。有了这种思想，属于马克思主义话语体系的新民主主义社会论才是可能的，它在实践中也是可以为中共所实行的。否则，那就只能是孙中山的三民主义，或者是其他形态的民主主义，而且更会在中共的实践中遇到严重的思想障碍。

毛泽东曾经指出：《论联合政府》"与《新民主主义论》不同的，是确定了需要资本主义的广大发展……资本主义的广大发展在新民主主义政权下是无害有益的"。"我们这样肯定要广泛地发展资本主义，是只有好处，没有坏处的。"

毛泽东在中国共产党第七次全国代表大会上的口头政治报告中讲过："俄国在十月革命胜利以后，还有一个时期让资本主义作为部分经济而存在，而且还是很大的一部分，差不多占整个社会经济的百分之五十。那时粮食主要出于富农，一直到第二个五年计划时，才把城市的中小资本家与乡村的富农消灭。我们的同志对消灭资本主义急得很。人家社会主义革命胜利了，还要经过新经济政策时期，又经过第一个五年计划，到第二个五年计划时，集体农庄发展了，粮食已主要不由富农出了，才提出消灭富农，我们的同志在这方面是太急了。"

列宁在《两个策略》中反复强调：民主革命彻底胜利后，必然会直接转变为社会主义革命。但他所说的"民主革命彻底胜利"仅指政治革命的彻底胜利，并不包括经济革命和文化革命及其最终胜利，也就是并不包括经济现代化和文化现代化。这就隐含了穷社会主义和民粹主义的思想观念。鉴于列宁主义当时拥有的权威性，毛泽东当时也在形式上讲了与之完全相同的话："民主主义革命是社会主义革命的必要准备，社会主义革命是民主主义革命的必然趋势"，而且"两个阶段必须衔接"。显然，如果按照列宁的"两步走"来解读，新民主主义社会阶段也就在这里没有立锥之地了。但毛泽东实际是做了一个重要变通，他把新民主主义社会阶段的经济、政治、文化的发展过程，也就是包括广泛发展资本主义在内的整个现代化过程，统统纳入到了"彻底的民主革命"的范畴。这就使列宁的不包括新民主主义社会阶段的"两步走"变成了毛泽东的包括新民主主义社会阶段的新的"两步走"，同时也使新民主主义社会论获得了符合列宁主义的理论外貌。

由此，毛泽东也就作出了新民主主义社会论的一段经典论述："只有经过民主主义，才能达到社会主义，这是马克思主义的天经地义。而在中国，为民主主义奋斗的时间还是长期的。没有一个新民主主义的联合统一的国家，没有新民主主义的国家经济的发展，没有广大的私人资本主义经济与合作社经济的发展，没有民族的科学的大众的文化即新民主主义文化的发展，没有几万万人民的个性的解放与个性的发展，一句话，没有一个新式资产阶级性质的彻底的民主革命，要想在殖民地半殖民半封建的废墟上建立起社会主义来，那只是完全的空想。"

由此可知，列宁乃至于斯大林的理论不仅在某种程度上是新民主主义社会论的思想来源，从列宁的"两步走"到毛泽东的新民主主义社会论实际是一种扬弃的过程，而并不是简单的继承和发展关系。在这种过程中，毛泽东既继承和发挥了列宁思想中的合理因素，又在事实上否定了其中的不合理因素。尽管从今天的观点看，毛泽东也继承了某些不应继承的错误观点，他的思想解放还不够，因而我们也还应在这方面继续解放思想，但就当时的环境来说，那就已经是难能可贵的了。

二、新民主主义社会理论在实践中的必要调整

《新民主主义论》中出现了过去马列著作中从未提及的"新民主主义社会"的概念，并且全面系统地阐明了新民主主义社会的政治、经济、文化纲领，初步形成了新民主主义社会的理论体系，毛泽东还第一次从国体和政体两个方面阐述了未来的国家形态，奠定了"新民主主义国家论"的基础。这一理论为落后国家如何走上社会主义道路提供了具体途径，为中国革命指明了方向；创造了一种新型的国家学说，指导了新中国的建立；为社会主义初级阶段论提供了理论来源和实践参照。这一理论完全是毛泽东的独创，标志着

毛泽东关于新民主主义理论形成完整的科学体系。它把马列主义关于落后国家革命胜利后"非资本主义前途"的思想变成了科学的实施方案，从而为后进国家提供了实践模式，是对马克思主义的科学社会主义学说的重要补充。

根据这个理论，新民主主义革命胜利后要建立一个新民主主义国家，经过一段时期的新民主主义社会建设，为社会主义打下坚实的基础，等到条件成熟时，再一举进入社会主义。可是，新中国成立才三年多，便开始了向社会主义的过渡，也就是说，新民主主义社会作为一种社会经济形态尚未充分展开就仓促收场。由毛泽东提炼、归纳和系统阐述的新民主主义社会论，是中国共产党人的独创，它开创了落后国家走向社会主义的独特道路，极大地丰富了马克思主义的理论宝库。然而，由于各种历史的现实的原因和认识水平的限制，新民主主义社会论也存在着一些不严密不完善不周到的地方，尤其是在一些关键问题上存在着模糊性、笼统性和不确定性，致使其在实践过程中有些无所适从，这是它未充分展开就仓促收场的一个原因。

在《新民主主义论》中，毛泽东说："新民主主义的政治、新民主主义的经济和新民主主义的文化相结合，这就是新民主主义共和国，这就是名副其实的中华民国，这就是我们要造成的新中国"。这里，毛泽东将新民主主义共和国、中华民国等同起来。

1944年，毛泽东在一次讲话中很明确地说，现在我们建立的新民主主义社会，性质是资本主义的，但又是人民大众的，不是社会主义的，但也不是老资本主义的，是新资本主义。

1948年9月的中央政治局会议上，毛泽东又批评了新民主主义是资本主义的说法。他说，外面有人说我们的经济是新资本主义，我看这个名词不妥当，因为它没有说明我们社会经济中起决定作用的东西，还是叫新民主主义经济好。

在战争年代形成的属于预见性的新民主主义社会论，在指导实践过程中不可能没有矛盾。不过，这里所说的"预见性的"并不是说新民主主义社会论构想过程中没有实践基础，事实上，抗战时期的革命根据地、解放战争时期的解放区就是新民主主义社会论的实践基础，也就是说，根据地、解放区可以视作新民主主义共和国的雏形。但是，新中国成立后的情形毕竟与根据地和解放区的情形不一样。现实社会也不可能完全遵循着人们所设想的模式运行。随着形势的发展变化，理论与实践的矛盾越来越难以排解。我们知道，新民主主义社会论的精彩之笔是要保护民族工商业，坚持国营经济领导下的五种经济成分并存，允许资本主义有一定的发展。但是，这在农村和城市都遇到难题。

在农村，汪洋大海般的个体农业经济生产规模狭小，生产工具简陋、落后，生产水平低下，无力抗拒自然灾害。个体农业经济不利于采用农业新技术，严重阻碍着农村生产力的进一步发展。新的贫富分化开始出现，少数人上升为新富农，多数贫困农民重新沦为被盘剥的对象，这是毛泽东等共产党人不能容忍的现象。这使得他们不得不去考虑个体经济发展方向问题。加之，小农个体经济的落后性也直接影响着工业乃至整个国民经济的发展速度。

在城市，1950 年调整工商业后，违法犯罪活动日趋猖狂，将其唯利是图、损人利己、贪得无厌的本性暴露无遗。他们拉拢腐蚀干部，于是，一些意志不坚定者腐化堕落，在资料显示，当时已发现的贪污腐化者中，有一半以上与不法资本家的腐蚀行为有关。不法资本家在国家机关和要害部门设立坐探，窃取国家经济情报，扰乱市场。如此等等，如果不对资产阶级不法分子予以打击，不仅会使国家的经济遭受极大损失，而且会危及到新生的人民政权。因此，打击"五毒"是非常必要的非常及时的。"五反"运动之后，资产阶级在事实上已经不能像过去那样生存了，资本主义在当时的生存发展空间已变得十分狭小，资本家自己也感到前途渺茫，请求国家"计划他"。

1951年7月5日，刘少奇对中央党校学员作报告时说过，实行工业国有化是一个严重的步骤，性质是开始破坏资本主义的私有制，方式现在不能决定，实行时间和方式要看当时情况和资产阶级的态度才能决定，资产阶级的恶劣态度可能逼迫我们要早些，并采取激烈的方式来实行这一步。由此可见，资本家的恶劣态度和农村的实际困难使得中国共产党人不得不考虑加紧采取限制资本措施和扩大农村的合作运动，这就不可避免地把社会主义改造大业提上议事日程。

毛泽东对中国资产阶级早有深刻的认识和辩证的分析。1925年，他在《中国社会各阶级的分析》一文中，就充分、透彻地解剖了中国资产阶级，他说："那动摇不定的中产阶级，其右翼可能是我们的敌人，其左翼可能是我们的朋友——但我们要时常提防他们，不要让他们扰乱了我们的阵线"其后的三十多年间，毛泽东看待民族资产阶级始终遵循着这样的思路，因而，构成了毛泽东对资产阶级的主体态度，这充分体现在他创立的新民主主义社会理论当中。在新民主主义社会论中，毛泽东多次表述对待民族资产阶级既要团结也要警惕，因此对待资本主义的策略是利用、限制、改造。不过，根据客观形势的变化和民族资产阶级的表现，毛泽东的态度在不同的时期有不同的侧重。

在战争年代，特别是 40 年代初期和中期，毛泽东认为要对民族资产阶级进行团结和联合，以便结成巩固的统一战线。因此，他在构想新民主主义社会时对资本主义的态度是利用、限制，特别强调利用。他认为，在革命胜利后，因为肃清了资本主义发展道路上的障碍物，资本主义经济会有一个相当程度的发展，这是经济落后的中国在民主革命胜利后不可避免的结果。同时认为，提倡资本主义的发展，不但有利于资产阶级，同时也有利于无产阶级，或者说更有利于无产阶级。可见 40 年代初期和中期，在战争的状态下，必须团结民族资产阶级，结成最广泛的民族统一战线，以对付共同的敌人，挽救国家的危亡。因此，在这一时期，与民族资产阶级加强团结和联合应是主旋律。

在解放战争后期和新中国建立初期，毛泽东仍注意团结民族资产阶级，对新民主主义社会中的资本主义仍坚持利用、限制，但是，这时期已将重心后移，更强调限制了。1949 年 6 月，在七届二中全会上，他又说："剩下一个民族资产阶级，在现阶段就可以向他们中间的许多人进行许多适当的教育工作。等到将来实行社会主义即实行私营企业国有化的时候，再进一步对他们进行教育和改造的工作。人民手里有强大的国家机器，不怕民族资产阶级造反"，"我们现在的方针是节制资本主义，而不是消灭资本主义"。他又说，"就我们的整个经济政策说来，是限制私人资本的，只是有益于国计民生的私人资本，才不在限制之列。"可见，新中国建立前夕，毛泽东对待民族资产阶级在讲团结的同时，开始考虑对其进行教育的问题，因而，在考虑新中国建立后的资本主义问题时，在利用的同时已开始强调节制、限制了。新中国建立初期，在"三反""五反"运动中，毛泽东在惩处"五毒"分子之时虽仍注意采取"利用矛盾、实行分化、团结多数、孤立少数的策略，在斗争中迅速形成'五反'的统一战线"，但是，消灭资本主义的决心逐渐坚定。

1952 年 6 月，毛泽东在中共中央统一战线工作部起草的一个文件批评中说："在打倒地主阶级和官僚资产阶级以后，中国内部的主要矛盾即是工人阶级和民族资产阶级的矛盾，故不应再将民族资产阶级称为中间阶级"，这已经暗示，民族资产阶级将要被作为主要斗争的对象。此后，毛泽东便提出了消灭资本主义的问题。1953 年春，毛泽东将李维汉《资本主义工业中的公私问题》报告中的"利用、限制、改组"的提法改为"利用、限制、改造"，其重心当然是在改造上，这点充分体现在其后确定的过渡时期的总路线中。

在 40 年代和 50 年代初，毛泽东对中国民族资产阶级的态度、评价，对其采取的策略，总体上讲应该说是符合中国当时的实际和历史发展的，尤其是对民族资产阶级两重性的认识更是入木三分。不过我们也应看到毛泽东对资本主义的消极面估计也有过大的一面。尽管毛泽东对新民主主义的前途充满信心，"人民手里有强大的国家机器，不怕民族资产阶级造反"，但是，他对资本主义的警惕性始终很高，特别是不法资本家的"五毒"行为暴露之后，毛泽东的警惕之弦崩得更紧。

一方面，毛泽东不能容忍资产阶级的胡作非为，另一方面，资产阶级唯利是图的贪婪本性、私人资本主义的无政府状态使毛泽东感到矛盾不可克服，他说："资本主义所有制和社会主义所有制之间的矛盾，资本主义所有制和资本主义的生产社会性之间的矛盾，资本主义生产的无政府状态和国家有计划的经济建设之间之矛盾，资本主义企业内的工人和资本家之间的矛盾，都是不可克服的。"既然矛盾不可克服，就必须进行斗争。毛泽东在对"确立新民主主义社会秩序"进行批评时说过："过去枪炮激烈，不决定资本主义绝种"，言下之意就是，现在没有了枪炮声，资本主义该绝种了。由此可见，毛泽东放弃新民主主义社会论，决定向社会主义过渡至此已在所难免。

中国共产党人浴血奋战了28年，为的就是消灭剥削和压迫，实现社会公平、人人平等，走向社会主义、共产主义。因此，当美好的社会主义前景就在眼前的时候，顺势而为、因势利导、及时把握，走向社会主义是大势所趋，众望所归。

三、科学地看待新民主主义社会理论

新民主主义社会理论是在抗战特殊背景下形成的。毛泽东等中共领导人运用马克思主义的立场、观点、方法分析和解决中国革命实际问题，出于抗战统战的需要以及为中共在战后联合政府中获得美国和民族资产阶级的支持，提出了"中国需要资本主义大发展"以及新民主主义共和国的设想。但是辩证唯物主义认为，任何事物都不是绝对静止、完全孤立的。中国革命也是一样。中国革命的这种特点和规律，不仅是由中国的内部矛盾、社会性质决定的，而且是在国内外形势的变化发展中形成的。所以即便是后来毛泽东放弃

新民主主义社会理论这也毫不奇怪，这是毛泽东时刻运用辩证唯物主义和历史唯物主义的观点、方法分析和解决问题的一种必然

从非严格的意义上来说，社会主义初级阶段所完成的恰恰是新民主主义社会遗留下来的而过渡时期未能完成的建设任务，因此，新民主主义社会与社会主义初级阶段的关系表现为后者对前者的继承和超越。继承表现为政治上坚持工农联盟为基础，允许其他阶层参政议政；经济上公有制和非公有制并存发展；文化思想上提倡马克思主义一元指导下的多元发展。超越表现为政治上前者中央集权有强化趋势，后者中央集权有弱化、民主化、法制化趋势；经济上前者公有制逐渐加强，非公有制逐渐弱化甚至消亡，后者则为公有制为主体、多种所有制共同发展；思想文化上前者存在不恰当的政治干预，后者则较少。新民主主义社会建设的目标主要为向社会主义过渡创造条件，当时对社会主义的认识就是以单一的公有制为特征的高度集中的计划经济体制，即苏联斯大林模式的社会主义。社会主义初级阶段所建设的社会主义是以市场经济为基础的，公有制为主体、多种所有制共同发展的富强、民主、文明、和谐的社会主义现代化社会。

毛泽东把列宁的原则和中国的实际相结合，创造性地提出了新民主主义社会理论，虽然后来在实践中做出了必要的调整，但是我们要清楚地认识到毛泽东的新民主主义社会理论是在特定历史时期，特定社会实践中的产物，我们要准确完整地认识毛泽东思想。正如邓小平同志所言："毛泽东同志在这一个时间，这一个条件，对某一个问题所讲的话是正确的，在另外一个时间，另外一个条件，对同样的问题讲的话也是正确的；但是在不同的时间、条件对同样的问

题讲的话，有时分寸不同，着重点不同，甚至一些提法也不同。所以我们不能够只从个别词句来理解毛泽东思想，而必须从毛泽东思想的整个体系去获得正确的理解。"毛泽东思想不是在个别的方面，而是在许多领域发展了马克思列宁主义。毛泽东思想是个体系，是发展了的马克思主义。

《新民主主义论》的出版距今已经 70 多年了，毛泽东作为伟大的马克思主义者，伟大的无产阶级革命家、战略家、理论家，是马克思主义中国化的伟大开拓者，是近代以来中国伟大的爱国者和民族英雄，是领导中国人民彻底改变自己命运和国家面貌的一代伟人。

习近平在纪念毛泽东诞辰 120 周年座谈会上的讲话曾这样讲到：十月革命一声炮响，给中国送来了马克思列宁主义。从纷然杂陈的各种观点和路径中，经过反复比较和鉴别，毛泽东同志毅然选择了马克思列宁主义，选择了为实现共产主义而奋斗的崇高理想。在此后的革命生涯中，不管是"倒海翻江卷巨澜"，还是"雄关漫道真如铁"，毛泽东同志始终都矢志不移、执着追求……然而，在一个半殖民地半封建的东方大国进行革命，面对的特殊国情是农民占人口的绝大多数，落后分散的小农经济、小生产及其社会影响根深蒂固，又遭受着西方列强侵略和压迫，经济文化十分落后，选择一条什么样的道路才能把中国革命引向胜利成为首要问题，也是马克思主义发展史上前所未有过的难题。年轻的中国共产党，一度简单套用马克思列宁主义关于无产阶级革命的一般原理和照搬俄国十月革命城市武装起义的经验，中国革命遭受到严重挫折。从革命斗争的这种失误教训中，毛泽东同志深刻认识到，面对中国的特殊国情，面对压在中国人民头上的三座大山，中国革命将是一个长期过程，不能以教条主义的观点对待马克思列宁主义，必须从中国实际出发，实现马克思主义中国化。毛泽东同志创造性地解决了马克思列宁主义基本原理同中国实际相结合的一系列重大问题，深刻分析中国社会形态和阶级状况，经过不懈探索，弄清了中国革命的性质、对象、任务、动力，提出通过新民主主义革命走向社会主义的两步走战略，制定了新民主主义革命总路线，开辟了以农村包围城市、最后夺取全国胜利的革命道路。毛泽东同志创造性地解决了在中国这种特殊的社会历史条件下建设马克思主义政党的一系列重大问题，把党建设成为用科学理论和革命精神武装起来的、同人民群众有着血肉联系的、思想上政治上组织上完全巩固的马克思主义政党。毛泽东同志创造性地解决了缔造一个在党的绝对领导下的人民武装力量的一系列重大问题，建成一支具有一往无前精神、能压倒一切敌人而决不被敌人所屈服的新型人民军队。毛泽东同志创造性地解决了团结全民族最大多数人共同奋斗的革命统一战线的一系列重大问题，为党和人民事业凝聚了一支最广大的同盟军。毛泽东同志带领我们党创造性地提出和实施了一系列正确的战略策略，及时解决了中国革命进程中一道道极为复杂的难题，引导中国革命航船不断乘风破浪前进。"为有牺牲多壮志，敢教日月换新天。"经过28年浴血奋战和顽强奋斗，我们党和人民历经千辛万苦、付出巨大牺牲，在战胜日本军国主义侵略者后，经过人民解放战争，以摧枯拉朽之势推翻了帝国主义、封建主义、官僚资本主义的统治，夺取了新民主主义革命胜利，实现了几代中国人梦寐以求的民族独立和人民解放。

在革命和建设长期实践中，以毛泽东为主要代表的中国共产党人，根据马克思列宁主义基本原理，形成了适合中国情况的科学指导思想，这就是毛泽东思想。毛泽东思想以独创性理论丰富和发展了马克思列宁主义。毛泽东思想教育了几代中国共产党人，它培养的大批骨干，不仅在新民主主义革命、社会主义革命、社会主义建设时期发挥了重要作用，也为新的历史时期开创和建设中国特色社会主义发挥了重要作用。邓小平说，毛泽东思想这个旗帜丢不得，丢掉了实际上就否定了我们党的光辉历史；任何时候都不能动摇高举毛泽东思想旗帜的原则，我们将永远高举毛泽东思想的旗帜前进。

虽然毛泽东在社会主义建设道路的探索中走过弯路，但是"毛泽东同志的功绩是第一位的，他的错误是第二位的"。"对历史人物的评价，应该放在其所处时代和社会的历史条件下去分析，不能离开对历史条件、历史过程的全面认识和对历史规律的科学把握，不能忽略历史必然性和历史偶然性的关系。不能把历史顺境中的成功简单归功于个人，也不能把历史逆境中的挫折简单归咎于个人。不能用今天的时代条件、发展水平、认识水平去衡量和要求前人，不能苛求前人干出只有后人才能干出的业绩来"。

参考文献

［1］毛泽东选集（第1—4卷）　［M］. 北京：人民出版社，1995。

［2］毛泽东著作专题摘编［M］. 北京：中央文献出版社，2003。

［3］康沛竹、江大伟.《新民主主义论》导读［M］. 北京：中国民主法制出版社，2012。

［4］沙健孙. 毛泽东中国新民主主义革命理论［M］. 北京：中央民族大学出版社，2004。

［5］辛文斌.《新民主主义论》与中国文化现代化［M］. 北京：中央编译出版社，2007。

［6］刘庆礼. 简述《新民主主义论》的文本及其影响［J］. 沧桑，2009（6）。

［7］赵曜. 马克思主义中国化的第一个理论成果——纪念《新民主主义论》发表70周年［J］. 科学社会主义，2010（4）。

［8］张军. 学习《新民主主义论》的体会［J］. 河北大学学报，1990（1）。

［9］王亚巍．"初级阶段论"与《新民主主义论》［J］．人民论坛，2009 - 9 - 11。

［11］王也扬．历史地看待毛泽东的新民主主义论及其变化［J］．中共党史研究，2001（3）。

［12］方敏．毛泽东对《新民主主义论》的修改［J］．中共党史研究，2006（6）。

［13］吴宏亮．马克思主义中国化的经典之作——毛泽东《新民主主义论》的历史启示［J］．马克思主义与现实，2008（4）。

［14］徐建文．《新民主主义论》的文化观内涵及现实意义［J］．唐山学院学报，2006（2）。

［15］辛志军．毛泽东《新民主主义论》的历史和现实意义［J］．陕西师范大学继续教育学报，2006（1）。

［16］习近平在纪念毛泽东诞辰 120 周年座谈会上的讲话［N］．人民日报，2003 - 12 - 25。